高等职业教育土木建筑类专业群
“建业筑新 匠心育才”系列教材

画法几何习题集

（第三版）

主编 李翔 王蓉蓉 左波

中国教育出版传媒集团
高等教育出版社·北京

内容提要

本习题集与李翔、左波、王蓉蓉主编的《画法几何》(第三版)教材配套使用,包括制图的基本知识、投影的基本知识、点的投影、直线的投影、平面的投影、直线与平面及两平面的相对位置、基本体的投影、组合体的投影、工程形体的表达方法、轴测投影、标高投影、展开图等内容的练习题。

本书可作为高等院校工科类相关专业画法几何相关课程教材。

图书在版编目(CIP)数据

画法几何习题集 / 李翔,王蓉蓉,左波主编. 3 版. -- 北京:高等教育出版社,2025. 2. --ISBN 978-7-04-063605-5

Ⅰ. O185. 2-44

中国国家版本馆 CIP 数据核字第 20247QK065 号

画法几何习题集

HUAFA JIHE XITIJI

策划编辑 刘东良　责任编辑 刘东良　封面设计 李树龙　版式设计 曹鑫怡

责任校对 高　歌　责任印制 刁　毅

出版发行 高等教育出版社

社　　址 北京市西城区德外大街 4 号

邮政编码 100120

印　　刷 涿州市京南印刷厂

开　　本 787mm×1092mm　1/8

印　　张 20. 5

字　　数 270 千字

购书热线 010-58581118

咨询电话 400-810-0598

网　　址 http://www. hep. edu. cn

http://www. hep. com. cn

网上订购 http://www. hepmall. com. cn

http://www. hepmall. com

http://www. hepmall. cn

版　　次 2014 年 8 月第 1 版

2025 年 2 月第 3 版

印　　次 2025 年 2 月第 1 次印刷

定　　价 43. 00 元

物 料 号 63605-00

第三版前言

党的二十大报告提出，深入实施人才强国战略，努力培养造就更多大师、战略科学家、一流科技领军人才和创新团队、青年科技人才、卓越工程师、大国工匠、高技能人才。本习题集将党的二十大报告强调的专业素养和工匠精神等融入学习内容中，为培养造就更多高素质技能人才和大国工匠提供支撑，为经济加速发展和全面推进中国式现代化贡献力量。

本习题集与李翔、左波、王蓉蓉主编的《画法几何》（第三版）教材配套使用。

本习题集在各个章节提供了不同难度的习题。在教学中，可根据专业的不同、教学时数的多少，选择相应的内容进行练习。此外，学生解题时，为了能够得出准确的答案和养成认真的绘图习惯，绘图题必须用仪器和三角板来绘制。为此，做习题时，宜将题页拆下，以便作图，也便于交给老师批阅。课程结束后，再重新装订成册。部分习题要采用标准图纸绘制。习题宜用铅笔作图，以便更正。作图线应予保留，以便老师审阅。凡需注文字及符号处，文字及符号应端正注出。由于画法几何先于制图课程学习，故有关线型的粗细规格、字型及写法、作图方法和平面图、剖面图等知识，请任课老师在布置习题时先作有关内容的简要介绍，这里不再赘述。

本习题集由李翔、王蓉蓉、左波担任主编。由李翔、王蓉蓉、左波、刘觅、张凤莲编写。同时感谢凌莉群、唐英敏老师在第一版前期的大量工作。

编者

2024 年 10 月

第一版前言

本习题集与李翔、刘觅、凌莉群主编的《画法几何》教材配套使用。

本习题集在各个章节提供了不同难度的习题。在教学中，可根据专业的不同、教学时数的多少，选择相应的内容进行教学。此外，学生解题时，为了能够得出准确的答案和养成认真的绘图习惯，绘图题必须用仪器和三角板来绘制。为此，做习题时，宜将题页拆下，以便作图，也便于交给老师批阅。课程结束后，再重新装订成册。部分习题要采用标准图纸绘制。习题宜用铅笔作图，以便更正。作图线应予保留，以便老师审阅。凡需注文字及符号处，文字及符号应端正注出。由于画法几何先于制图课程学习，故有关线型的粗细规格、字型及写法、作图方法和平面图、剖面图等知识，请任课老师在布置习题时先作有关内容的简要介绍，这里不再赘述。

本习题集由李翔、刘觅、凌莉群、张凤莲、唐英敏编写，由李翔、刘觅、凌莉群担任主编。由于编者水平所限，书中难免有不妥之处，敬请读者给予指正。

编者

2014 年 6 月

目　录

注：本习题集章节编号和主教材一致。

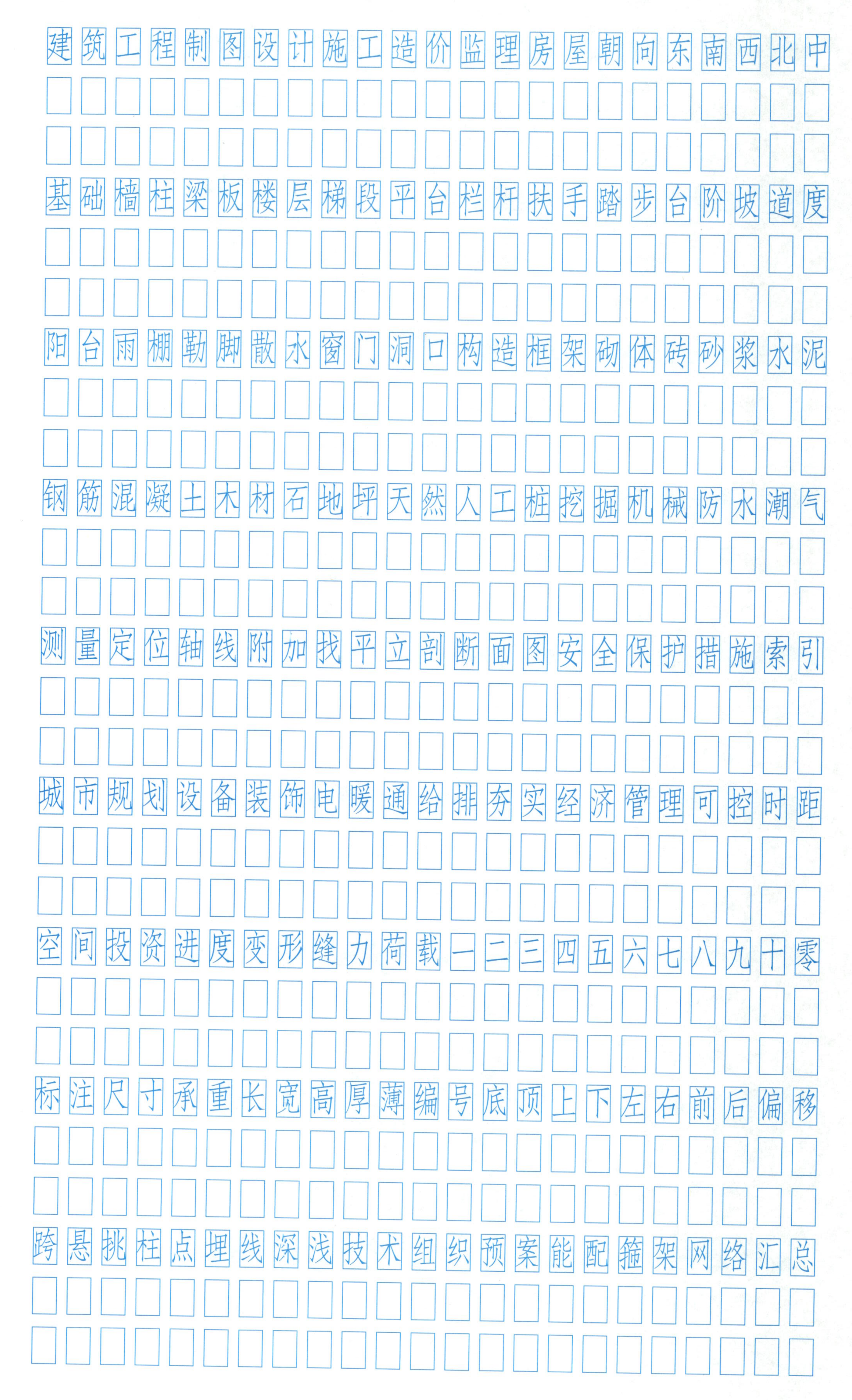

§ 2-1 字体练习	班 级		姓 名		学 号		1

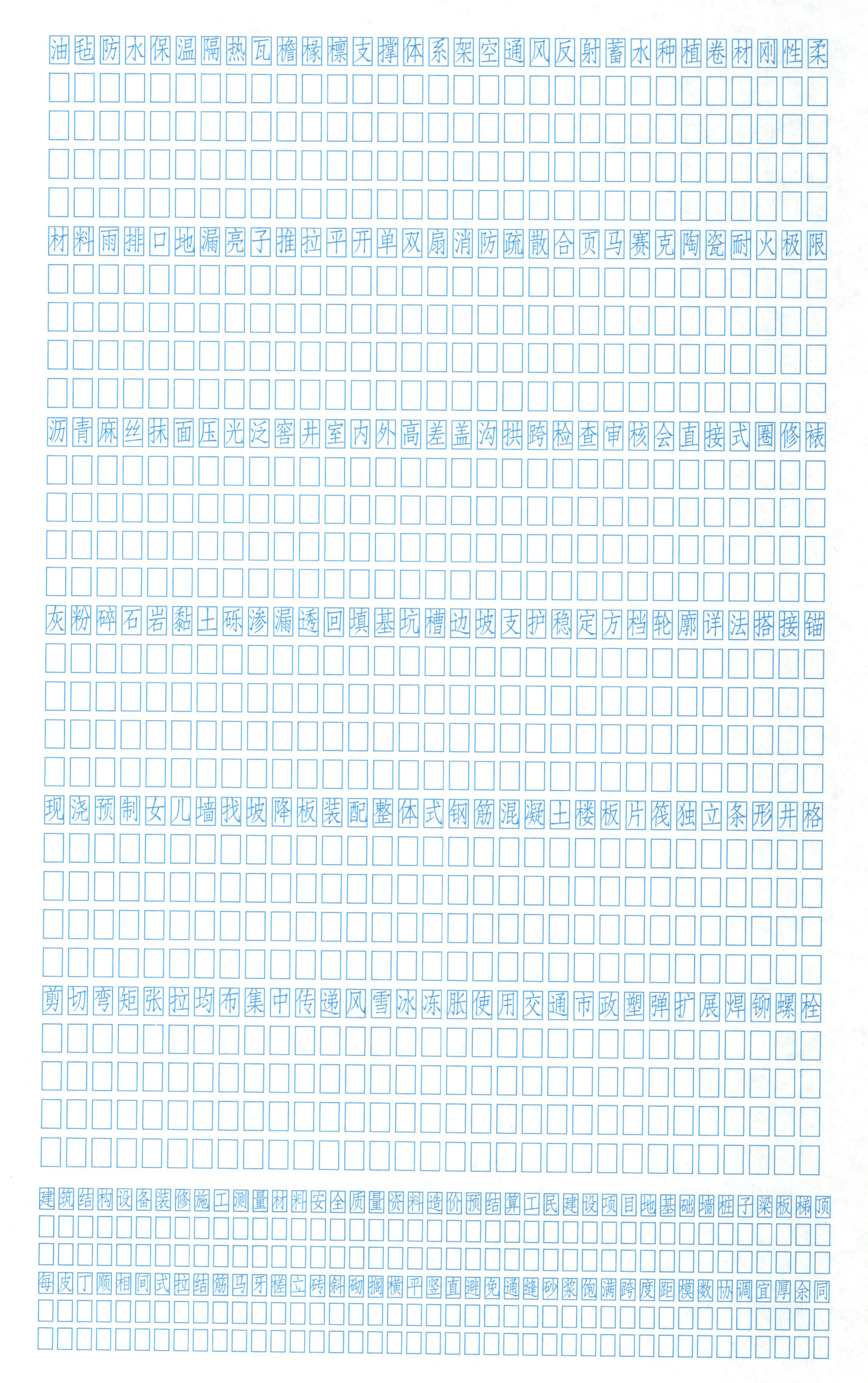

§2-1 字体练习	班级		姓名		学号		2

§ 2-1 字体练习	班 级		姓 名		学 号		3

线型练习作业要求

一、目的

1. 了解并遵守制图基本规格的有关规定（图幅、图线、字体、比例、尺寸注法、材料图例等）。

2. 学习正确使用绘图工具和仪器的方法，掌握基本的绘图方法。

3. 练习并掌握各种线型、材料图例的画法。

二、内容

按图中指定的比例和尺寸，抄绘第5~7页所示的图案和材料图例，建筑平面图、门立面图、窗立面图和基础详图。图案、建筑、门、窗和基础图样要标注尺寸；材料图例不标注尺寸，只需在画图时按指定的尺寸和比例画出各个材料图例的框格大小。在图名材料图例的右侧，也不要写出比例。

三、要求

1. 图纸：A3幅面绘图纸，铅笔绘制、加深。

2. 图名：图形下的图名标注应与附图相同。

3. 比例：线型图案及材料图例按1：1比例绘制。

4. 图线：粗线的宽度为0.7mm，中线的宽度为0.35mm，细线、尺寸线和点画线的宽度为0.18mm。

5. 字体：汉字用长仿宋体，数字、字母用直体字。各图图名用7号字，比例数字用5号字，尺寸数字用3.5号字；标题栏中的院系名、图名用7号字，其余汉字用5号字；当汉字与数字连在一起书写时，汉字应比数字大1号。

6. 严格遵守制图标准，正确使用工具和仪器，均匀布置图面，培养认真负责的工作态度和严谨细致的工作作风，做到作图准确，图线分明，字体工整，整洁美观。

四、说明

1. 各种图线应粗细分明，同种线型的宽度应保持一致。

2. 对于图案应注意图线交接处的正确画法，应特别注意点画线、虚线和实线相交或相接时的画法。

3. 书写长仿宋字时，应打好格子，对于数字和字母应先画好两条字高线，尽量做到整齐划一。

4. 对材料图例中所列的七个图例，应分别懂得它们所表示的是什么材料，并按国家标准的规定画出。

5. 对于基础的材料图例，应懂得所画的两种材料是什么材料，并按国家标准的规定画出。

6. 应注意图面布置，使图形安排匀称、美观，例如可将图案和基础放置在幅面的上方，而将七个材料图例都均匀地放置在幅面的下方等。

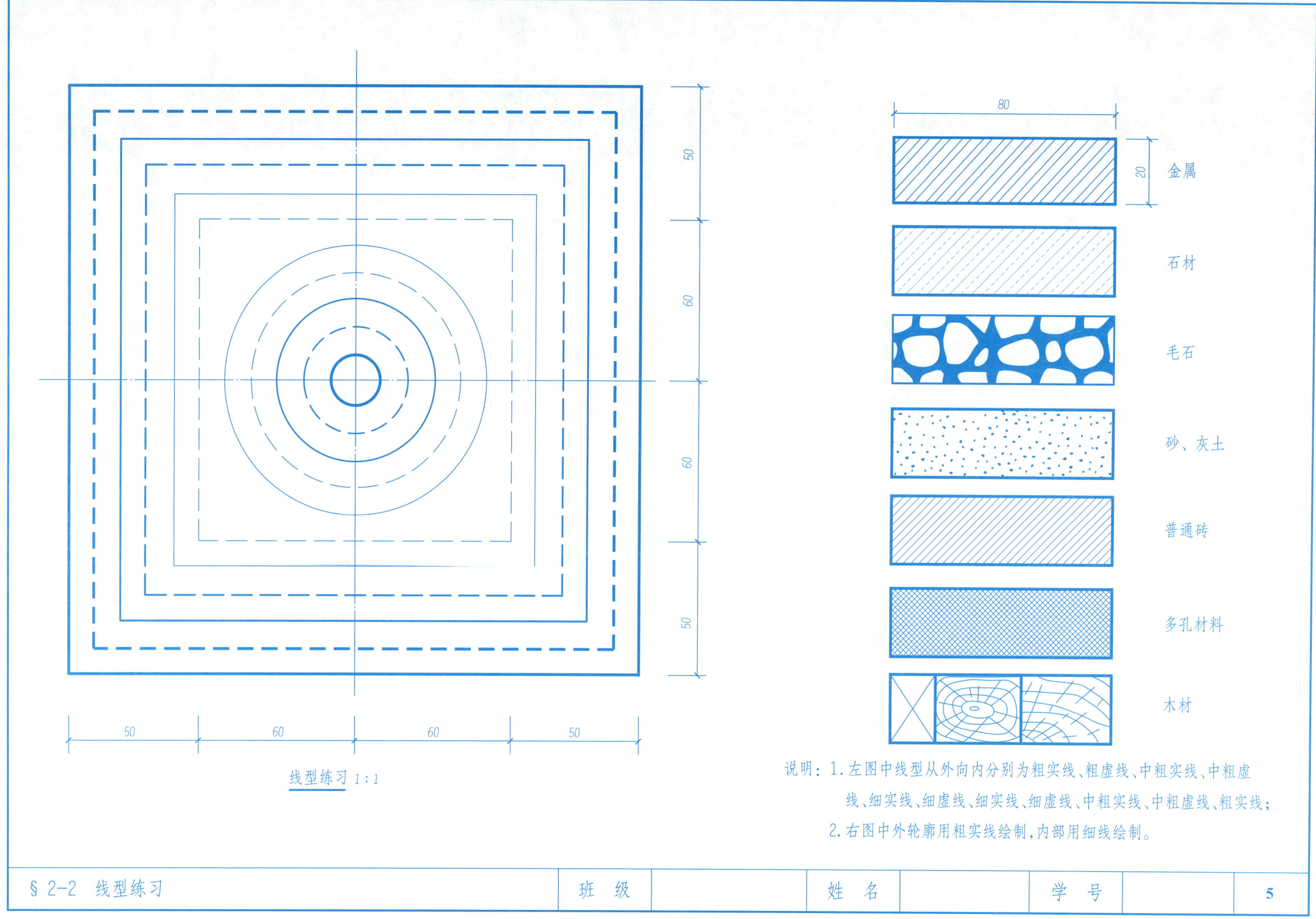

线型练习 1:1

说明：1.左图中线型从外向内分别为粗实线、粗虚线、中粗实线、中粗虚线、细实线、细虚线、细实线、细虚线、中粗实线、中粗虚线、粗实线；

2.右图中外轮廓用粗实线绘制，内部用细线绘制。

§ 2-2 线型练习	班 级		姓 名		学 号		5

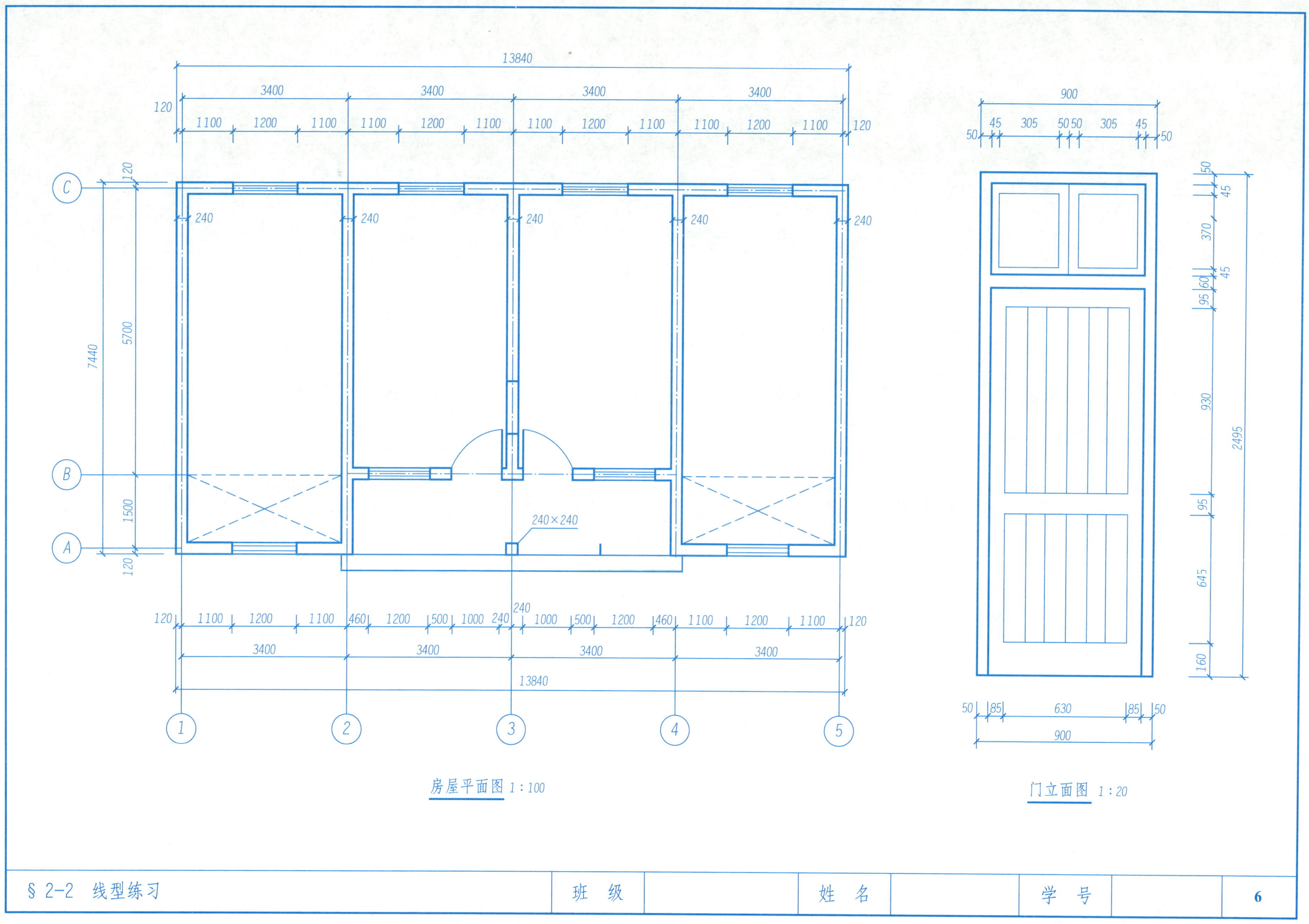
房屋平面图 1∶100
门立面图 1∶20
§ 2-2 线型练习
班 级
姓 名
学 号

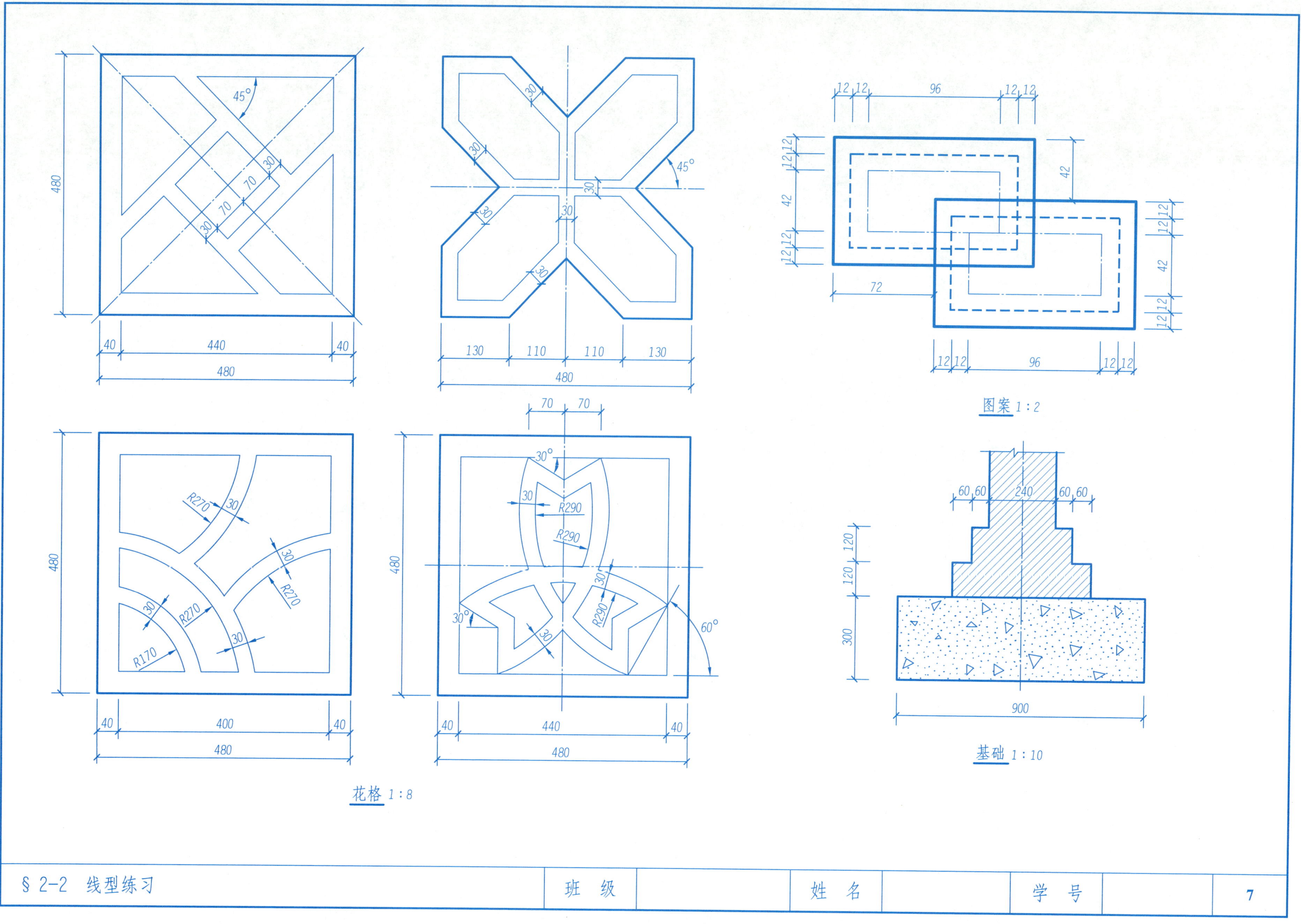
480
40
440
40
480
130
110
110
130
480
12 12
96
12 12
42
72
图案 1:2
70 70
R270
R170
R290
花格 1:8
60 60
240
60 60
120
120
300
900
基础 1:10

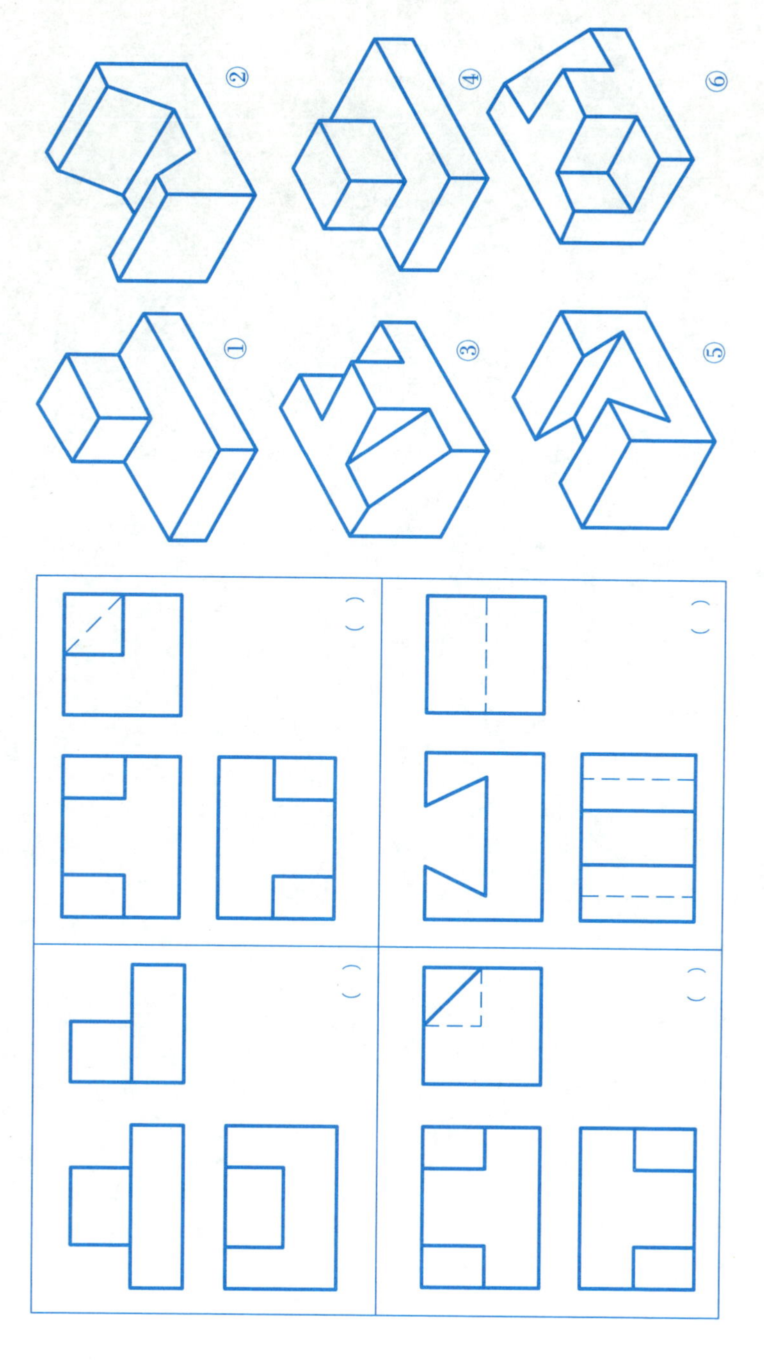
②
④
⑥
①
③
⑤
( )
( )
( )
( )

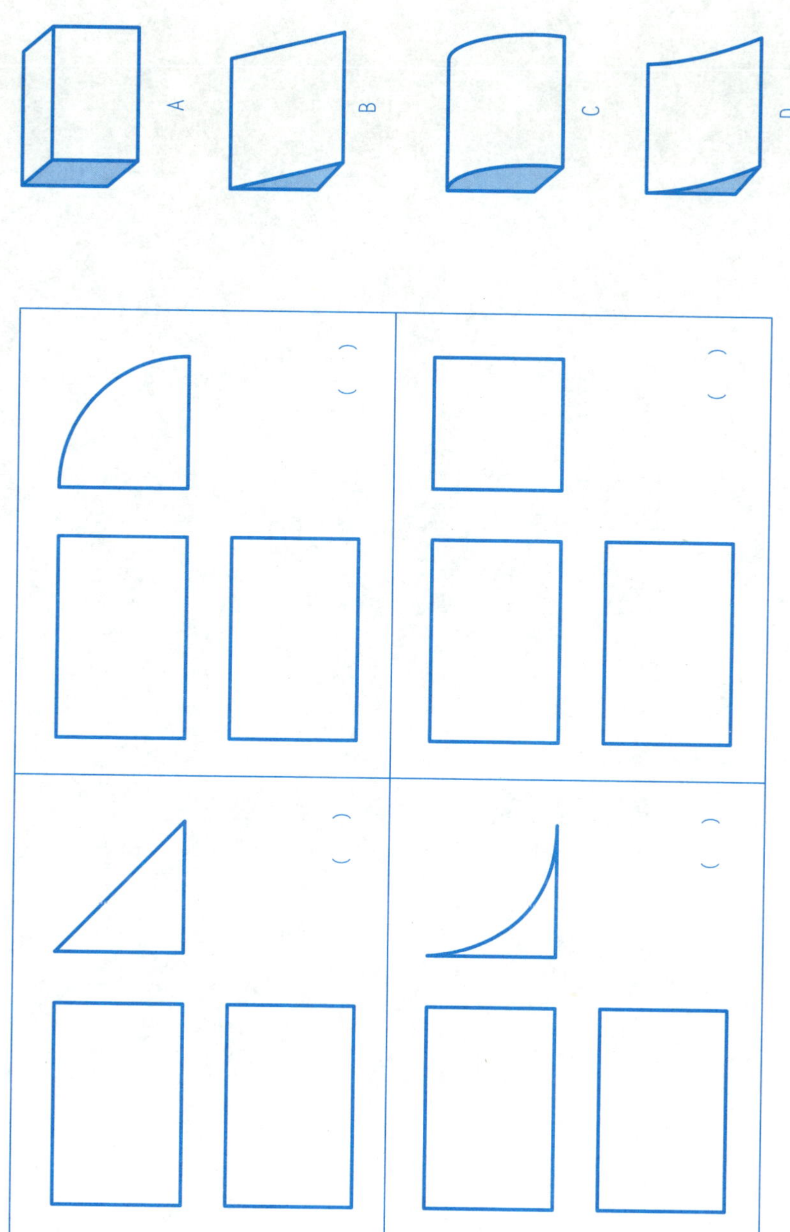
A
B
C
D
( )
( )
( )
( )

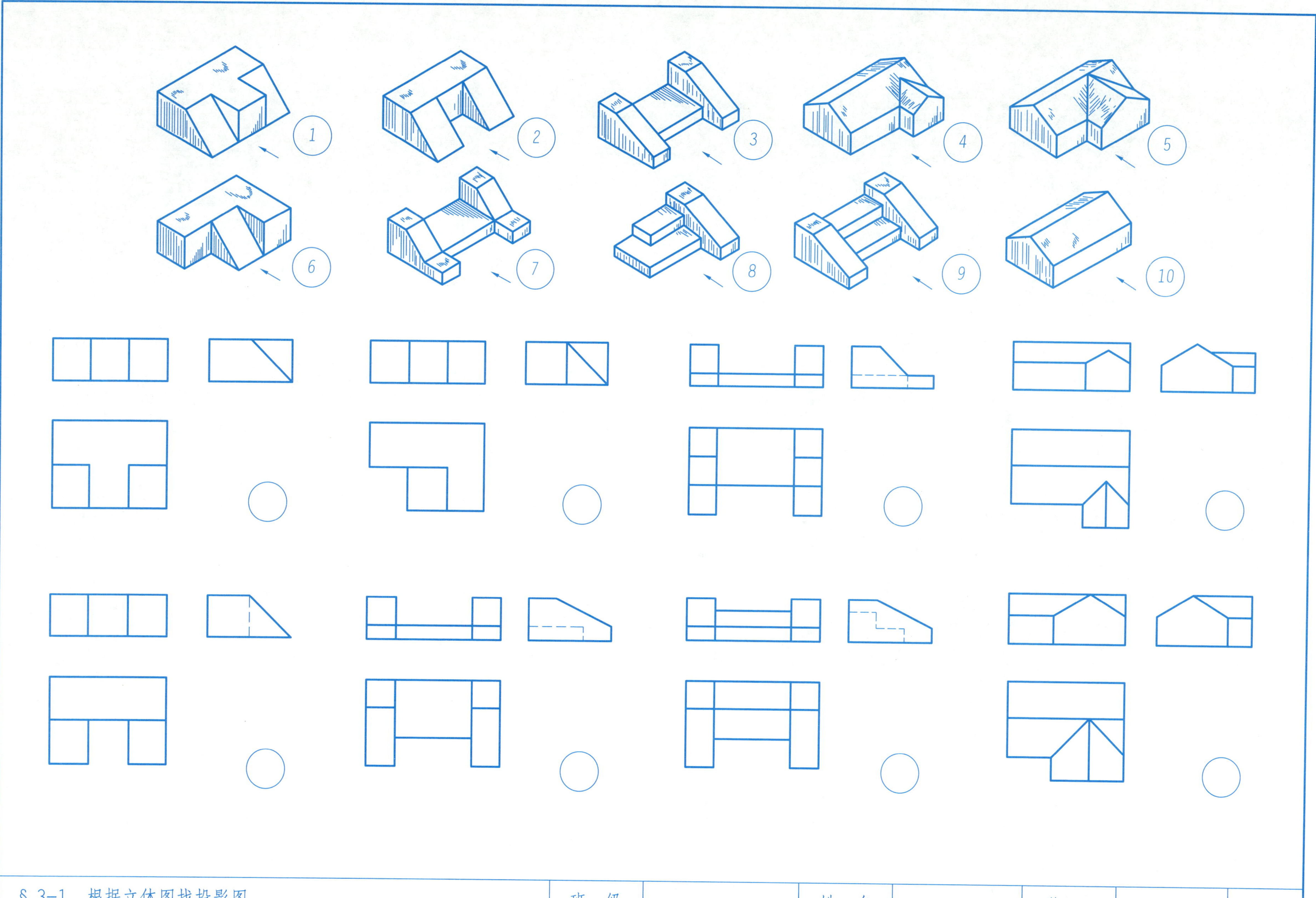
1
2
3
4
5
6
7
8
9
10

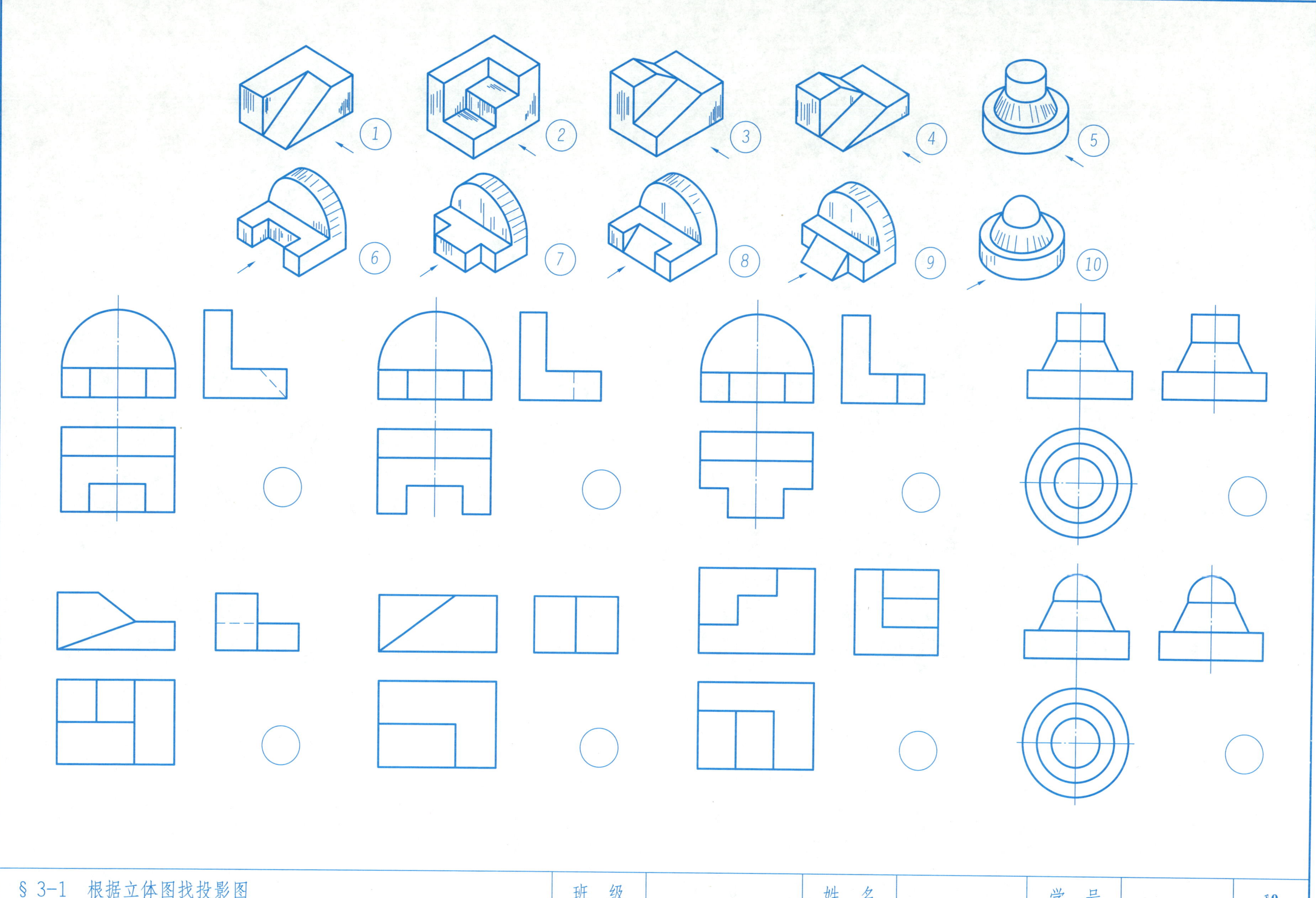

§ 3-1 根据立体图找投影图

班 级		姓 名		学 号	

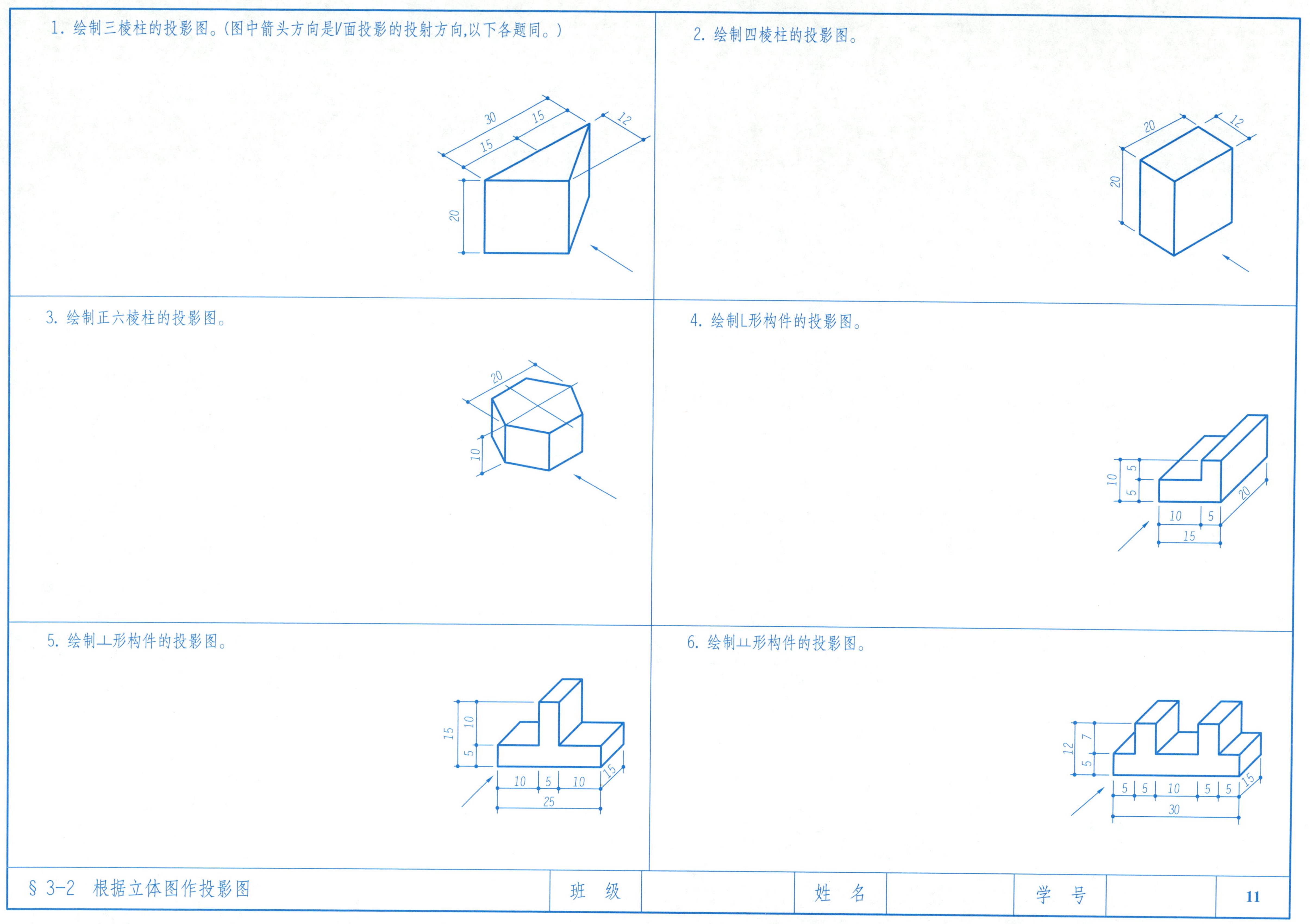
1. 绘制三棱柱的投影图。(图中箭头方向是V面投影的投射方向,以下各题同。)
30
15
15
12
20
2. 绘制四棱柱的投影图。
20
12
20
3. 绘制正六棱柱的投影图。
20
10
4. 绘制L形构件的投影图。
10
5
5
20
10
5
15
5. 绘制⊥形构件的投影图。
15
10
5
15
10
5
10
25
6. 绘制山形构件的投影图。
12
7
5
15
5
5
10
5
5
30
§ 3-2 根据立体图作投影图
班 级
姓 名
学 号
11

7. 绘制圆柱的投影图。

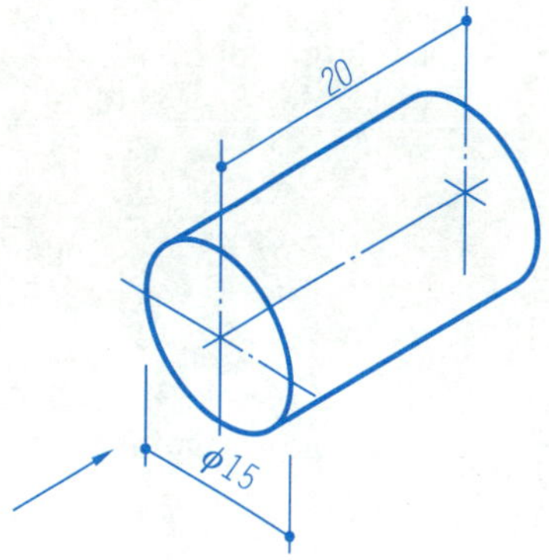

8. 绘制圆锥的投影图。

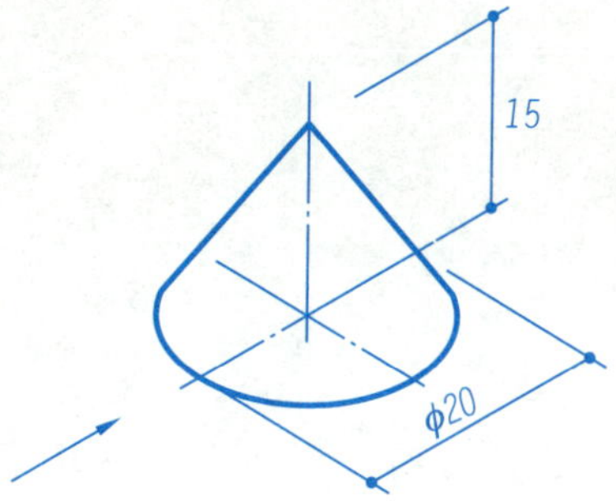

9. 绘制球体的投影图。

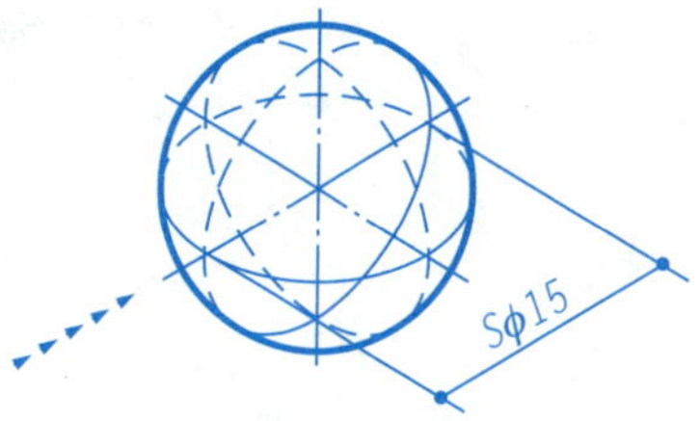

10. 绘制半圆柱的投影图。

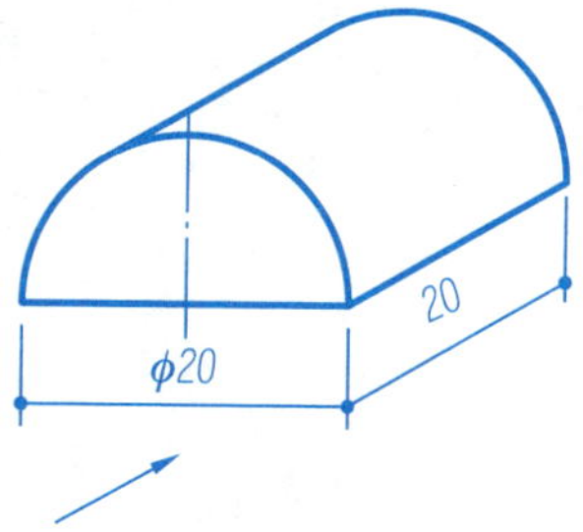

11. 绘制半圆拱的投影图。

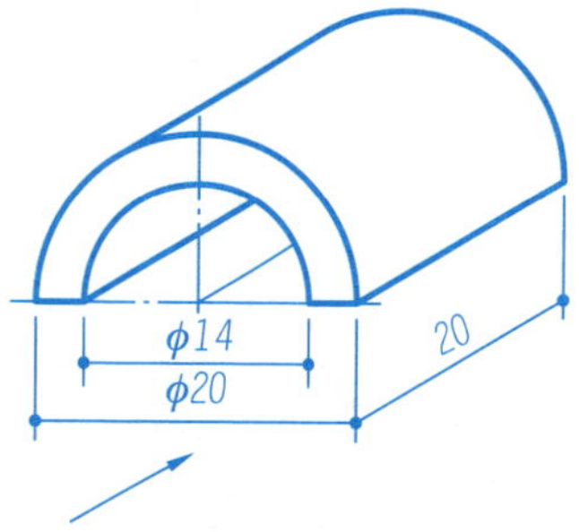

12. 绘制带半圆槽形体的投影图。

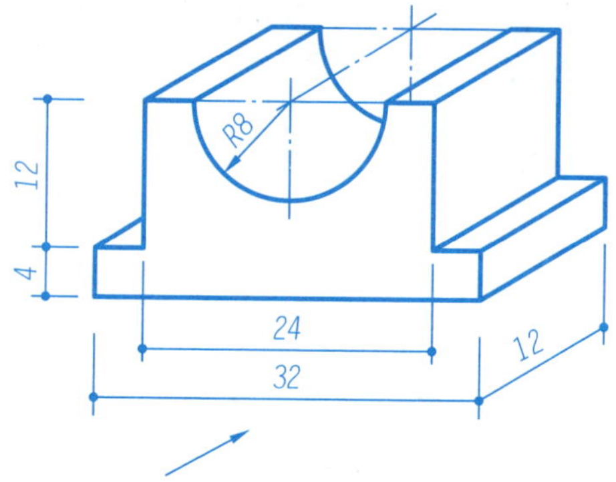

班　级		姓　名		学　号		12

1. 求形体的W面投影，并把A、B、C、D、E各点标注到投影图上。

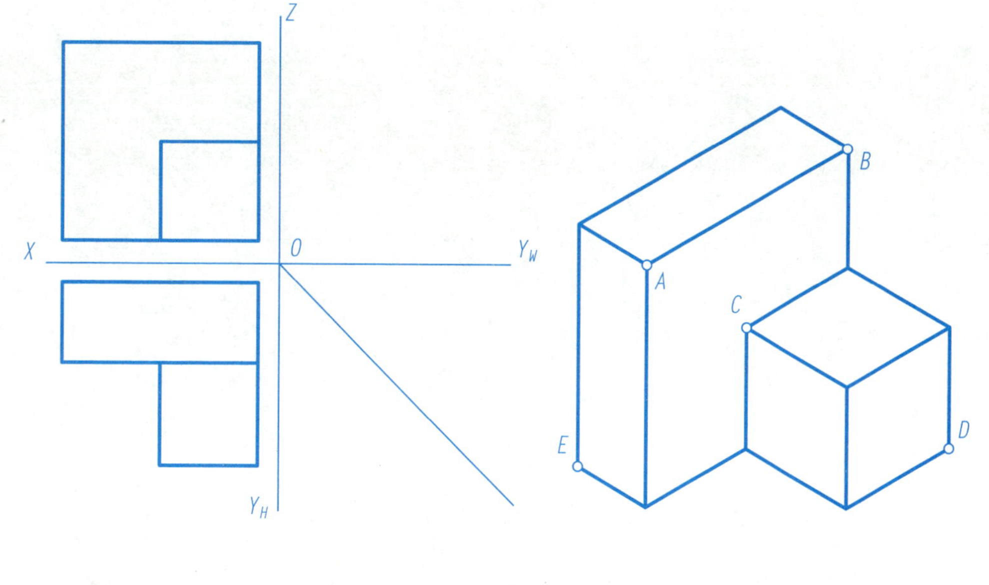

2. 根据轴测图按各轴向1：1比例量度，画出A、B、C三点的三面投影。

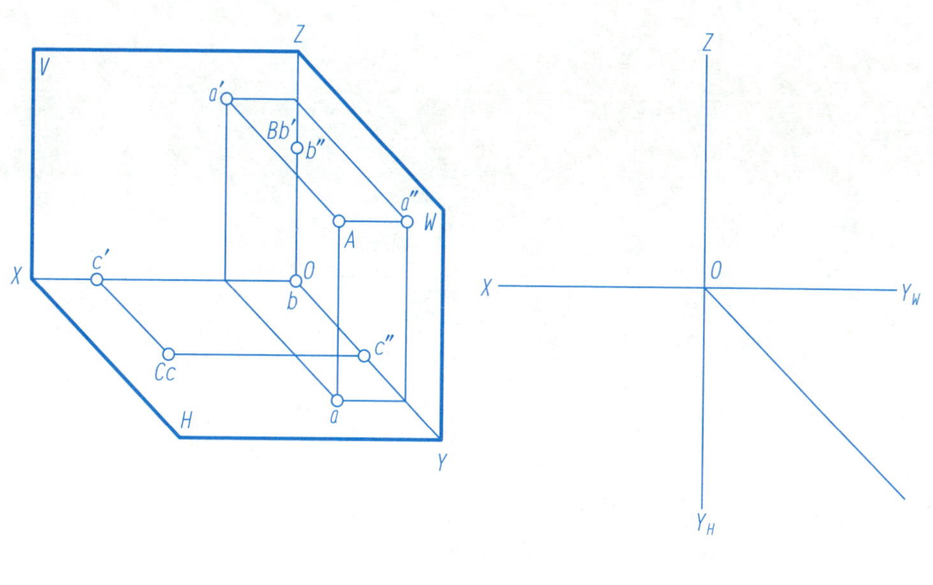

3. 已知各点的两个投影，求作第三投影。

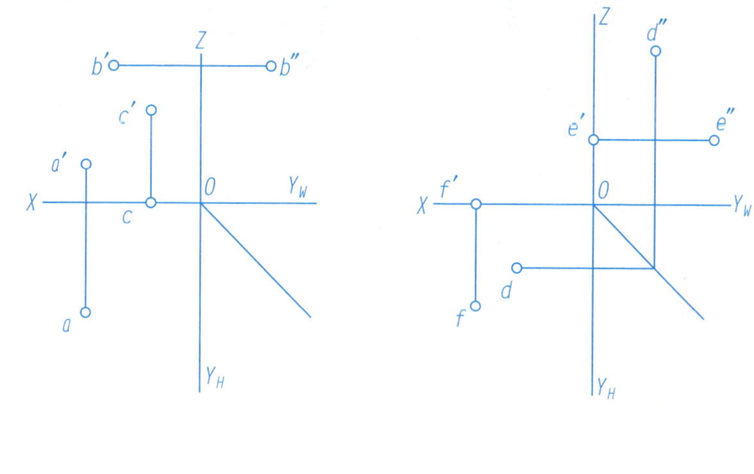

4. 已知空间有A、B、C三点，A点到H、V、W三个投影面的距离分别为10、15、5，B点到H、V、W三个投影面的距离分别为20、0、10，C点到H、V、W三个投影面的距离分别为0、0、20，作A、B、C三点的三面投影。

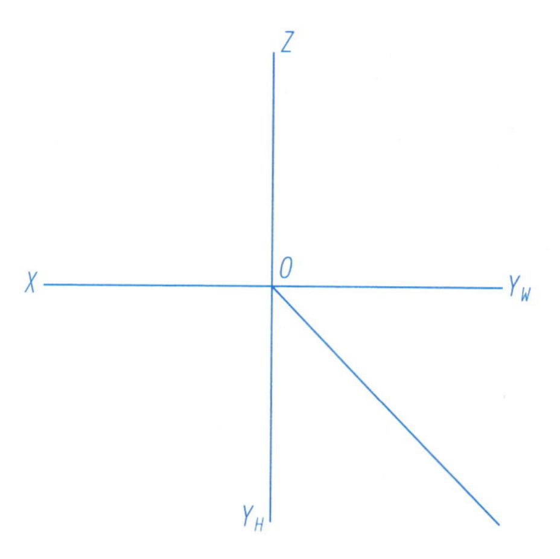

5. 已知点A、B、C、D的两个投影，作出各点的第三个投影，并填写出这些点的位置(如空间点、哪个投影面上的点、哪根投影轴上的点等)。

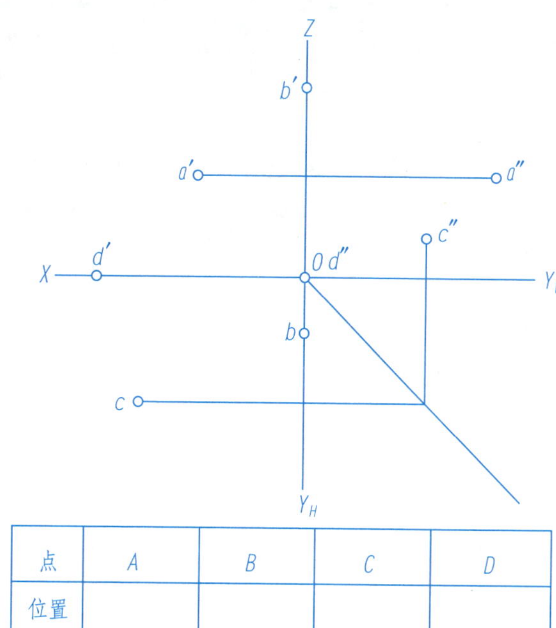

点	A	B	C	D
位置				

1. 已知A、B、C各点对投影面的距离，作各点的三面投影，并填空回答问题。

距各面 点名	H	V	W
A	8	5	10
B	0	7	0
C	10	0	10
D	8	5	0

A点在B点的 ________ 方

B点在C点的 ________ 方

C点在D点的 ________ 方

D点在A点的 ________ 方

A点在C点的 ________ 方

B点在D点的 ________ 方

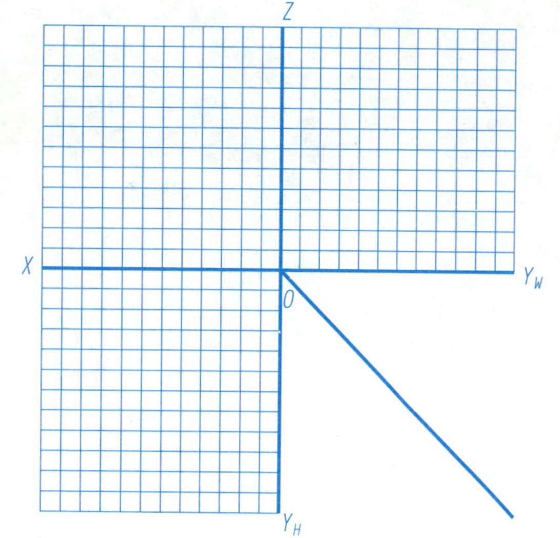

2. 已知A点在B点左方5mm，前方10mm，下方15mm，D点在C点的正前方10mm，试完成A点和D点的投影。

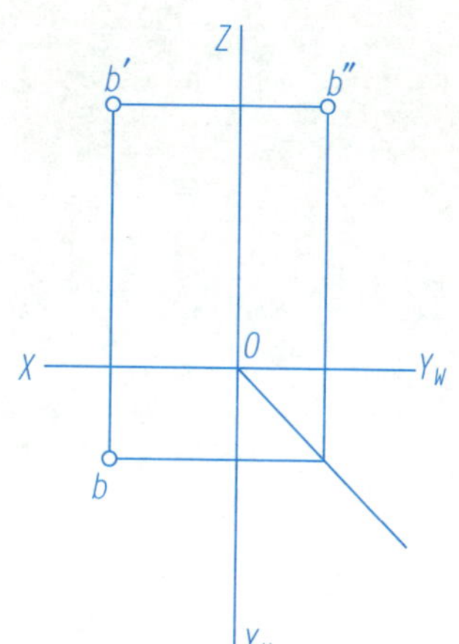

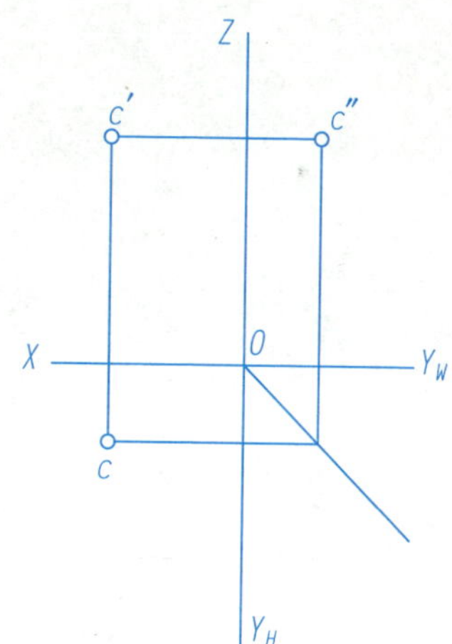

3. 已知K、L、M、N点的坐标，作各点的三面投影，并判别可见性。

K(5，8，11)

L(2，2，0)

M(7，6，4)

N(10，6，4)

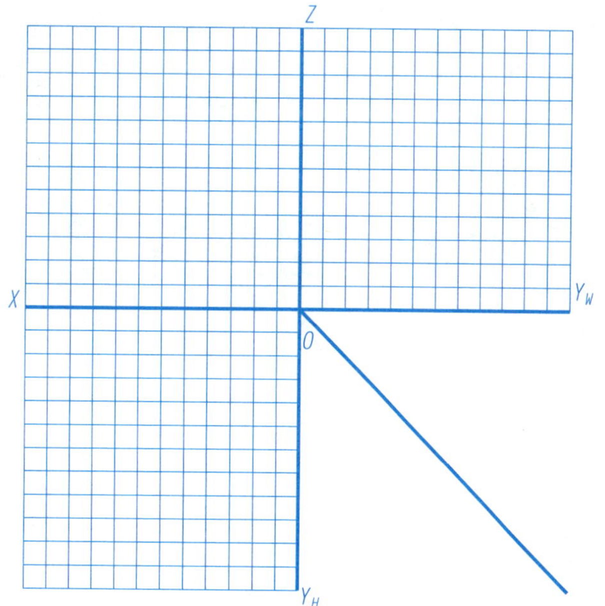

4. 已知A、B两点同高，B点在A点右边，Aa′=20mm，Bb′=10mm，且A、B点的H面投影相距50mm。求A、B两点的两面投影。

5. 已知各点的两面投影,求第三投影,并在表格内填上各点到投影面的距离、各点的位置。

距离 / 点名	距V面	距H面	距W面	点的位置
A				
B				
C				
D				
E				
F				

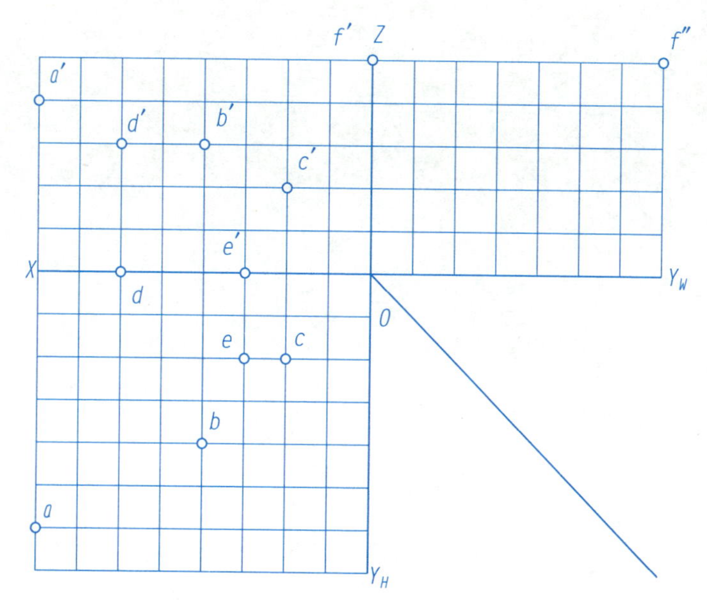

6. 已知E点在第一角限内，与W、V、H面的距离分别为22mm、30mm、20mm；又知F点在E点之左10mm，之后10mm，之下10mm；G点在E点的正右方12mm。作出E、F、G点的三面投影，并判别可见性。

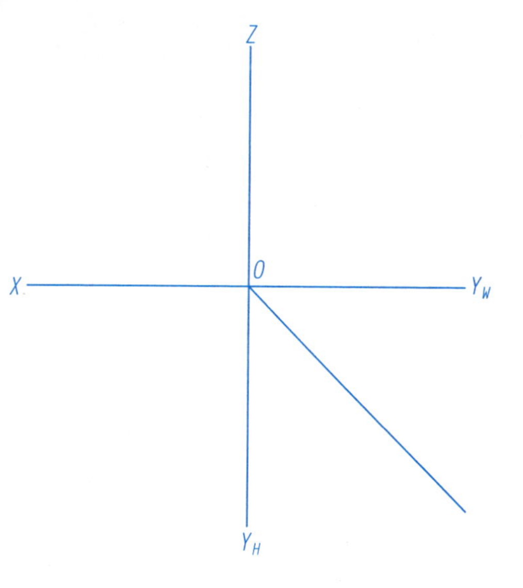

7. 已知A点(24，18，20)、B点(24，18，0)，以及C点在A点之右10mm，之上16mm，之前12mm，作出这三个点的三面投影，并判别可见性。

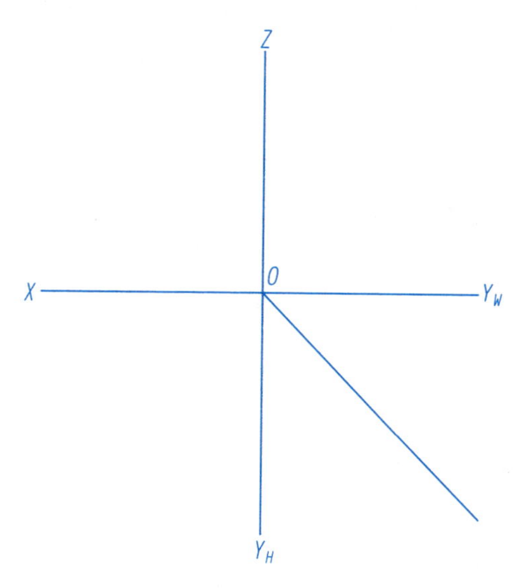

8. 已知D点(30，0，20)、E点(0，0，20)，以及F点在D点的正前方25mm，作出这三个点的三面投影，并判别可见性。

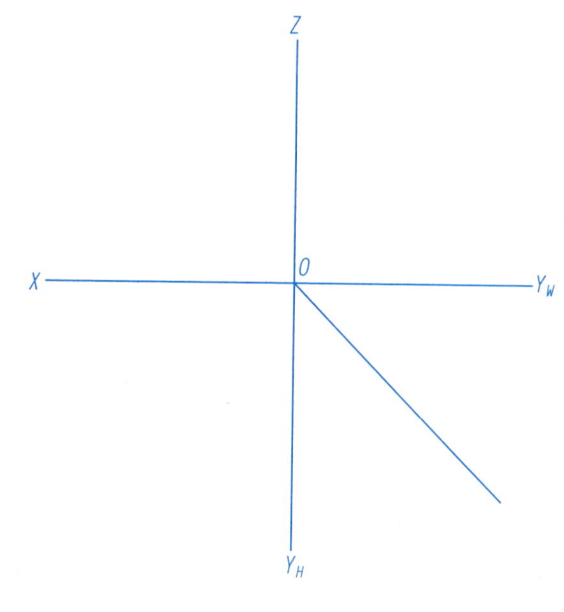

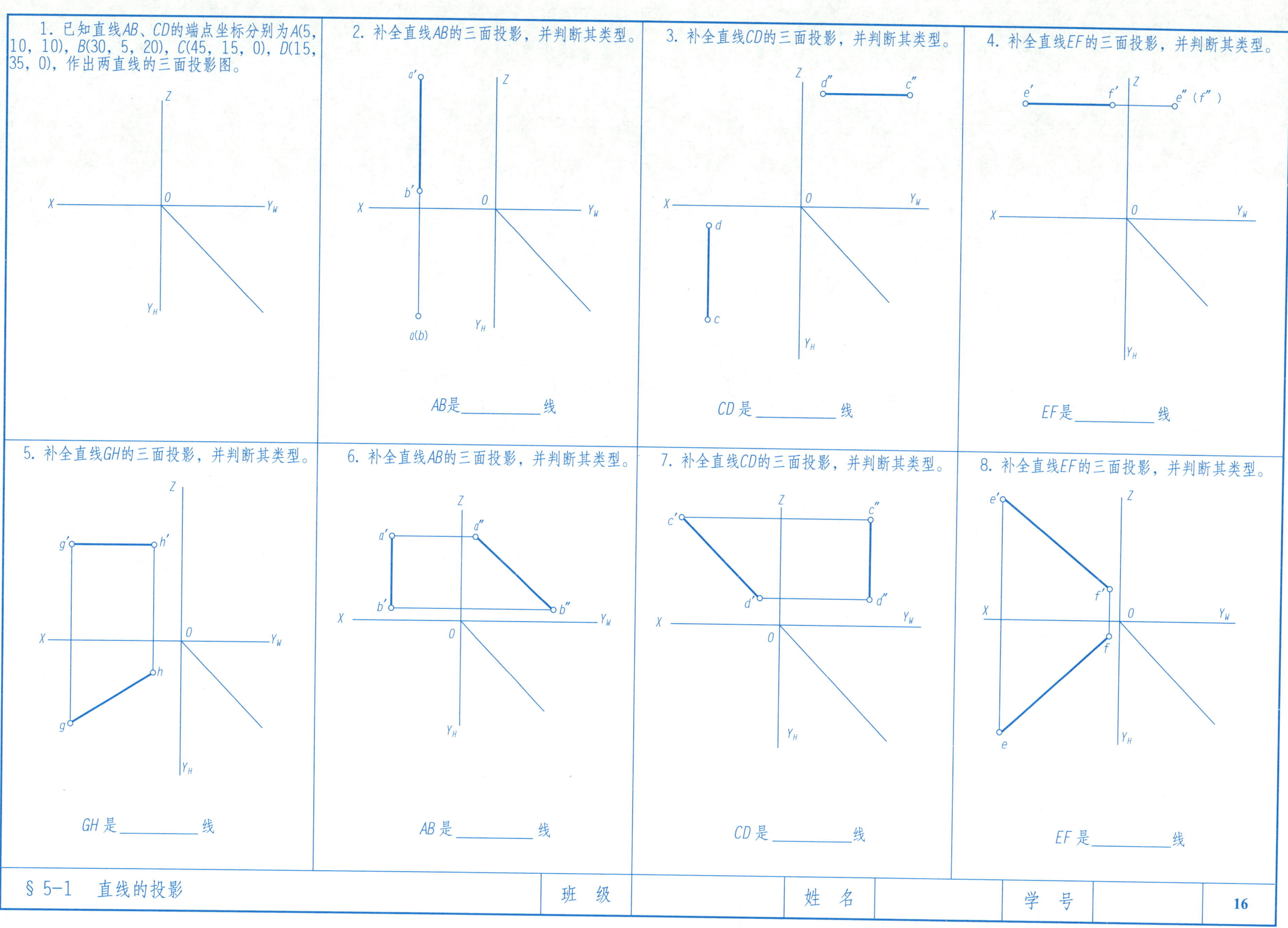
1. 已知直线AB、CD的端点坐标分别为A(5，10，10)，B(30，5，20)，C(45，15，0)，D(15，35，0)，作出两直线的三面投影图。
2. 补全直线AB的三面投影，并判断其类型。
AB是________线
3. 补全直线CD的三面投影，并判断其类型。
CD是________线
4. 补全直线EF的三面投影，并判断其类型。
EF是________线
5. 补全直线GH的三面投影，并判断其类型。
GH是________线
6. 补全直线AB的三面投影，并判断其类型。
AB是________线
7. 补全直线CD的三面投影，并判断其类型。
CD是________线
8. 补全直线EF的三面投影，并判断其类型。
EF是________线
§ 5-1 直线的投影
班 级
姓 名
学 号
16

9. 过A点作下列直线的三面投影：(1)一般位置直线AB，B点在A点之左20mm，之后10mm，之上5mm；(2)正平线AC，C点在A点的右上方，$\alpha=30^\circ$，长度为25mm；(3)正垂线AD，D点在A点的正前方，长度为15mm；(4)侧平线AE，E点在A点的后下方，$\beta=45^\circ$，长度为20mm。

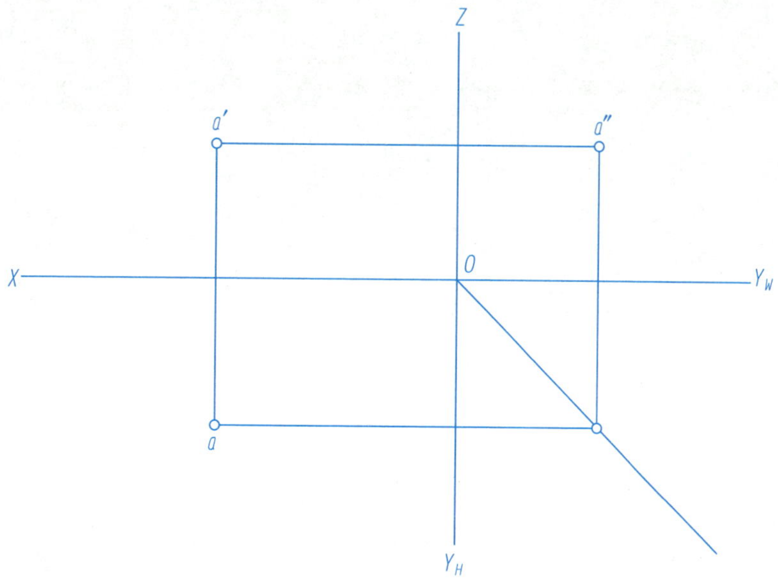

10. 已知AB//H面，以及ab和a′，求作a′b′。

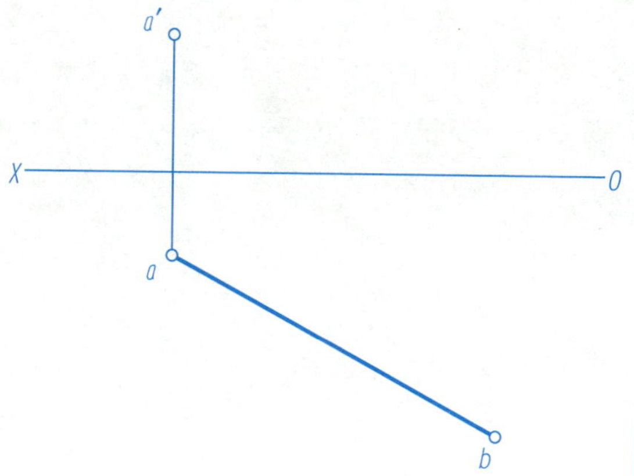

11. 已知CD//V面，且距V面20mm，求作cd。

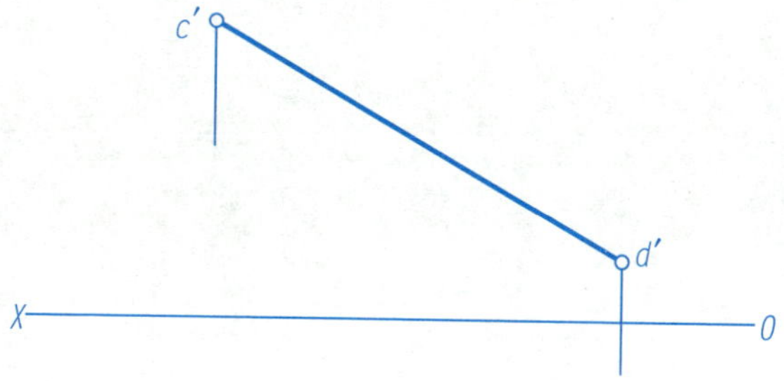

12. 作直线AB、CD的三面投影：(1)已知B点距H面为25mm；(2)已知C点距V面5mm。

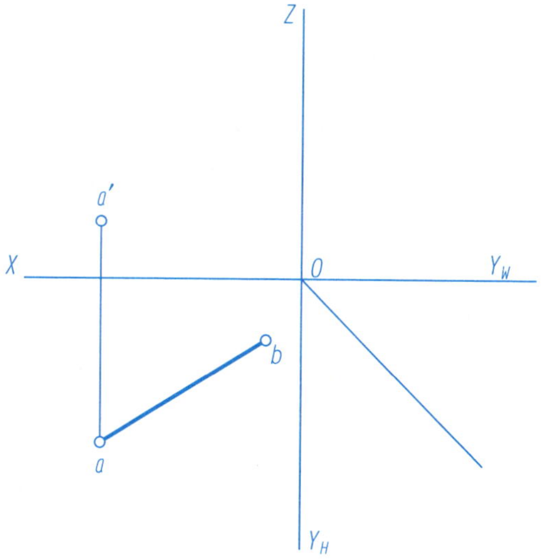

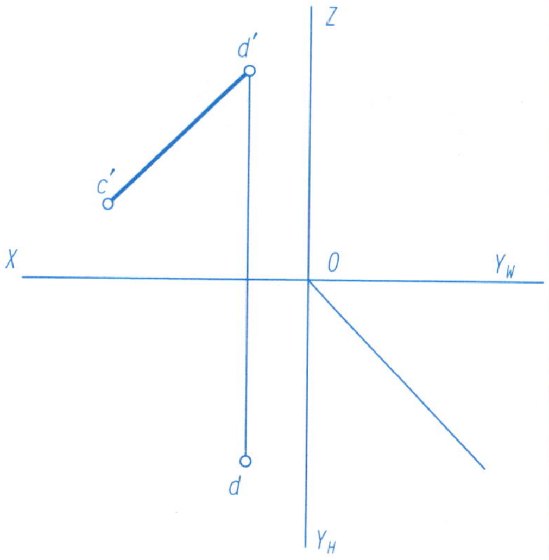

13. 作下列直线的两面投影(只作一解)：(1)水平线AB，$\beta=30^\circ$，AB=20mm；(2)侧垂线CD，CD=15mm。

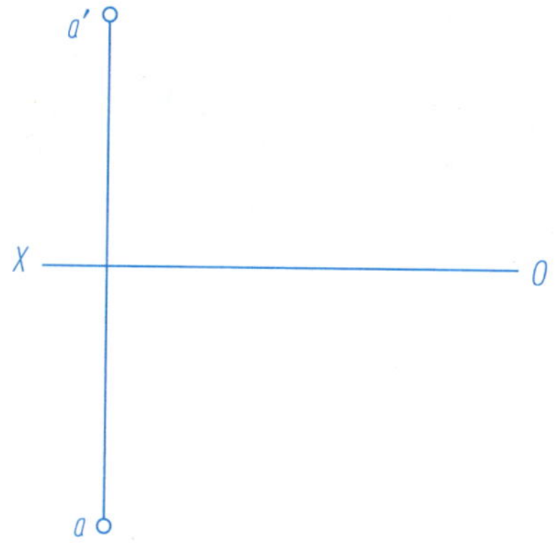

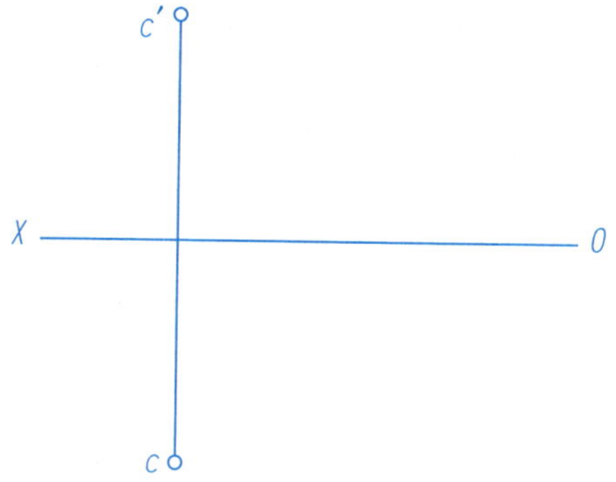

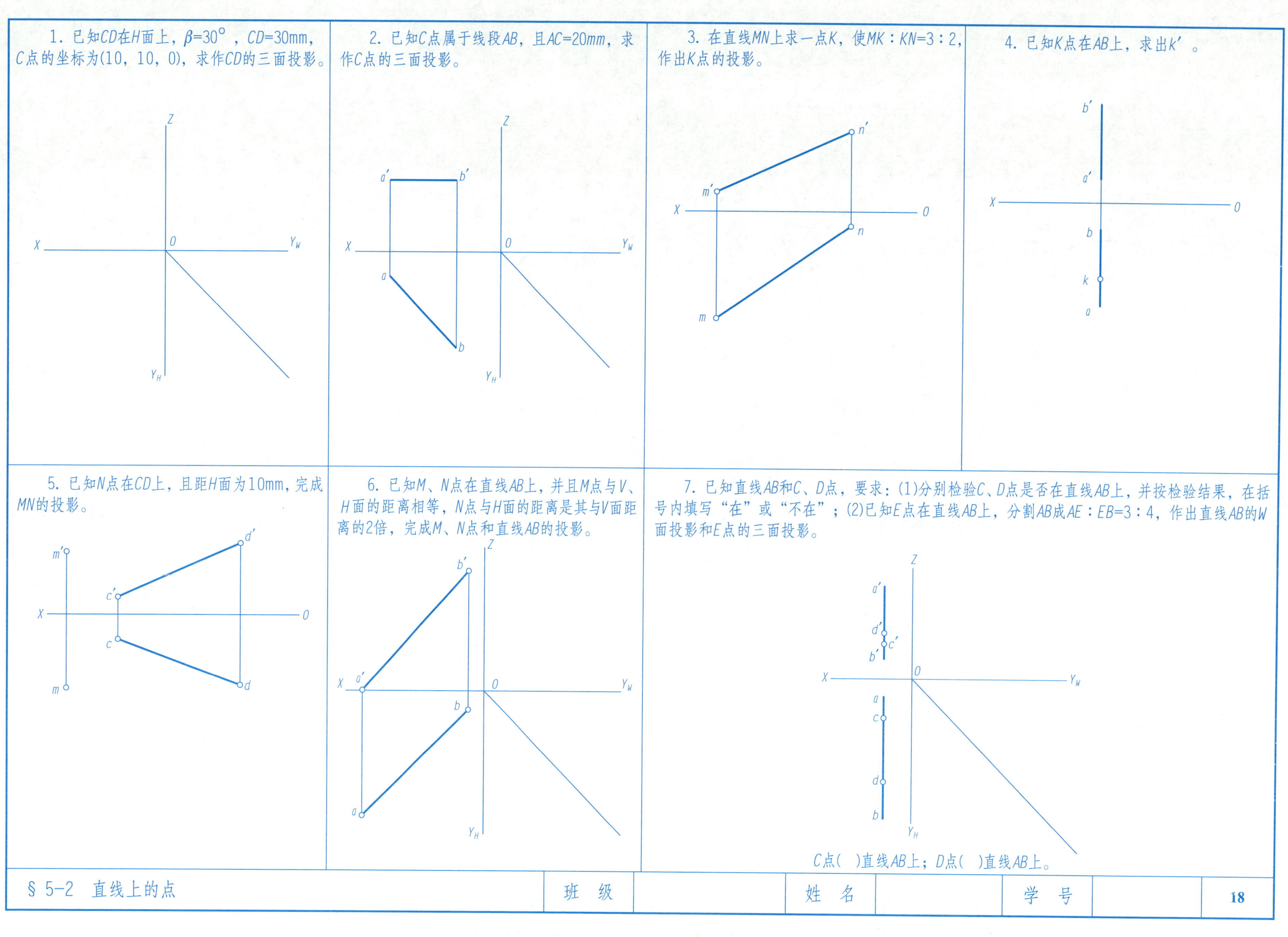
1. 已知CD在H面上，β=30°，CD=30mm，C点的坐标为(10，10，0)，求作CD的三面投影。
2. 已知C点属于线段AB，且AC=20mm，求作C点的三面投影。
3. 在直线MN上求一点K，使MK：KN=3：2，作出K点的投影。
4. 已知K点在AB上，求出k′。
5. 已知N点在CD上，且距H面为10mm，完成MN的投影。
6. 已知M、N点在直线AB上，并且M点与V、H面的距离相等，N点与H面的距离是其与V面距离的2倍，完成M、N点和直线AB的投影。
7. 已知直线AB和C、D点，要求：(1)分别检验C、D点是否在直线AB上，并按检验结果，在括号内填写“在”或“不在”；(2)已知E点在直线AB上，分割AB成AE：EB=3：4，作出直线AB的W面投影和E点的三面投影。
C点(　)直线AB上；D点(　)直线AB上。
§ 5-2　直线上的点
班　级
姓　名
学　号
18

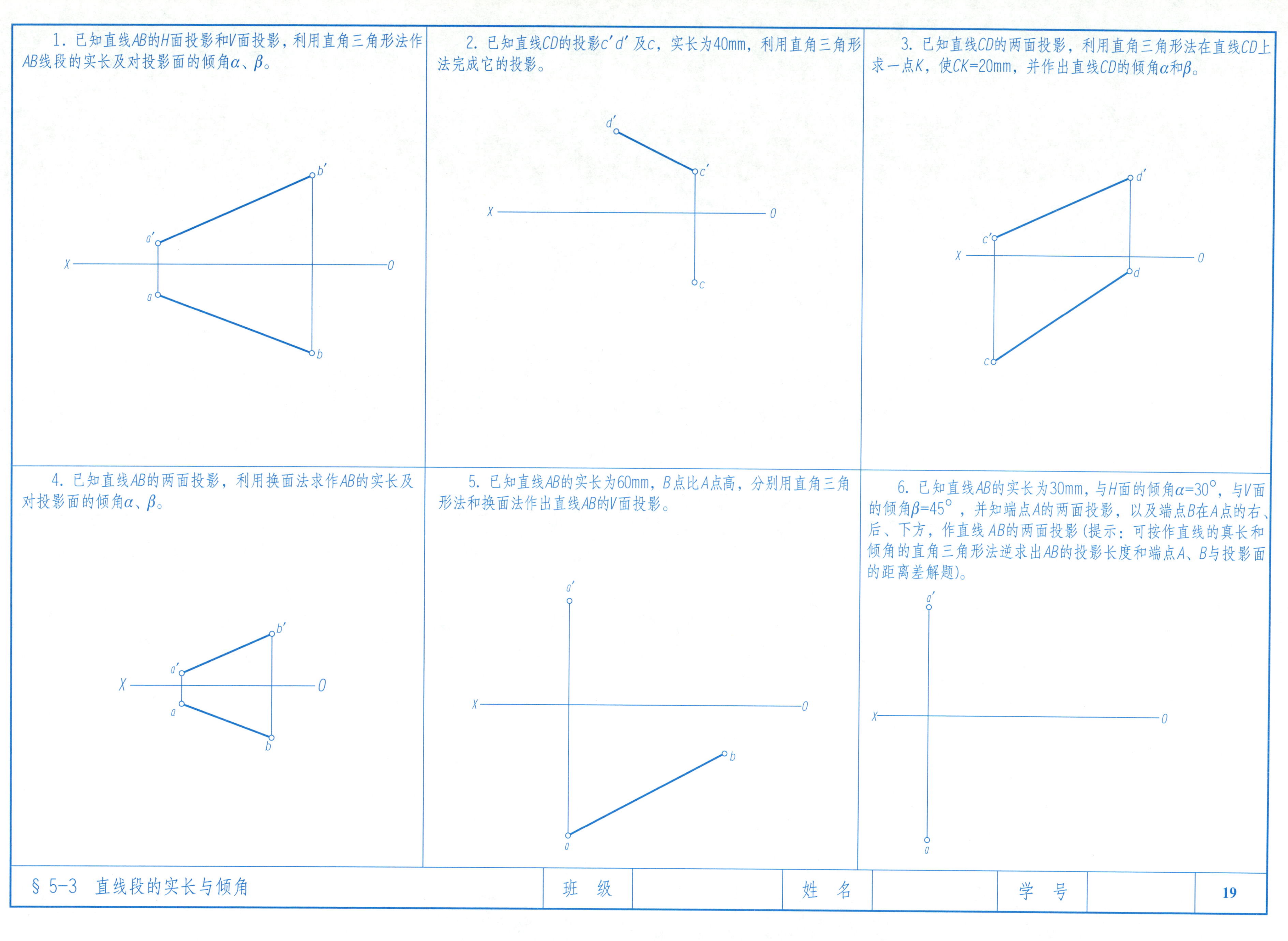
1. 已知直线AB的H面投影和V面投影，利用直角三角形法作AB线段的实长及对投影面的倾角α、β。
b′
a′
X
0
a
b
2. 已知直线CD的投影c′d′及c，实长为40mm，利用直角三角形法完成它的投影。
d′
c′
X
0
c
3. 已知直线CD的两面投影，利用直角三角形法在直线CD上求一点K，使CK=20mm，并作出直线CD的倾角α和β。
d′
c′
X
0
d
c
4. 已知直线AB的两面投影，利用换面法求作AB的实长及对投影面的倾角α、β。
b′
a′
X
0
a
b
5. 已知直线AB的实长为60mm，B点比A点高，分别用直角三角形法和换面法作出直线AB的V面投影。
a′
X
0
b
a
6. 已知直线AB的实长为30mm，与H面的倾角α=30°，与V面的倾角β=45°，并知端点A的两面投影，以及端点B在A点的右、后、下方，作直线AB的两面投影(提示：可按作直线的真长和倾角的直角三角形法逆求出AB的投影长度和端点A、B与投影面的距离差解题)。
a′
X
0
a
§ 5-3 直线段的实长与倾角
班 级
姓 名
学 号
19

1. 判断直线AB、CD的相对位置，并将结果填写在括号内(平行、相交、交叉或垂直)。

2. 判别下列两直线重影点的可见性。

3. 过C点作平行于直线AB且与AB同方向的直线CD，CD的实长为25mm。

4. 作一水平线MN与H面相距20mm，并与AB、CD分别相交于M、N点。

5. 过C点作一直线与已知两直线AB、DE相交。

6. 已知点C和直线AB的两面投影，求作点C到直线AB的实际距离。

7. 求作交叉直线AB、CD的最小距离(提示：可先作两直线的公垂线，再求出公垂线的实长)。

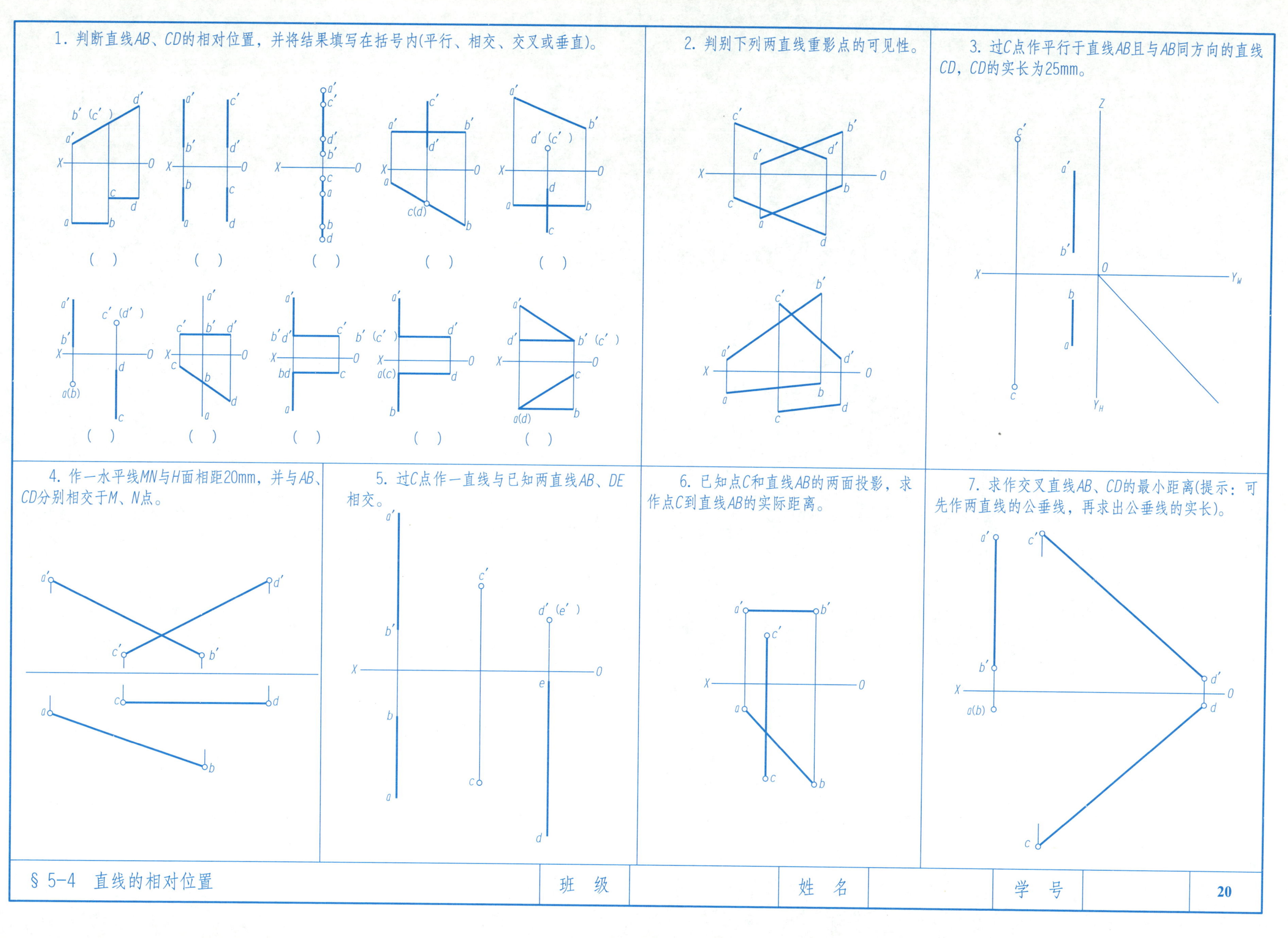

1. 求作下图的W面投影，在投影图上注明各指定表面的名称，并在表格内填写各指定表面与投影面的相对位置。

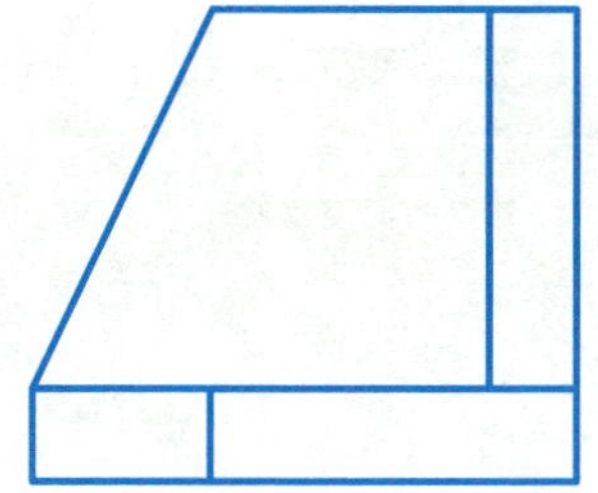

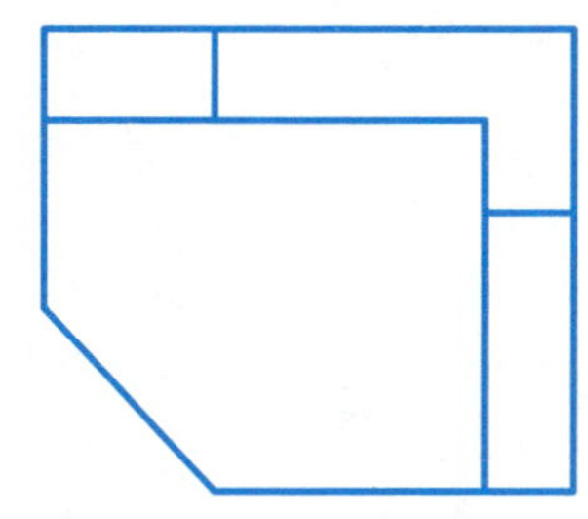

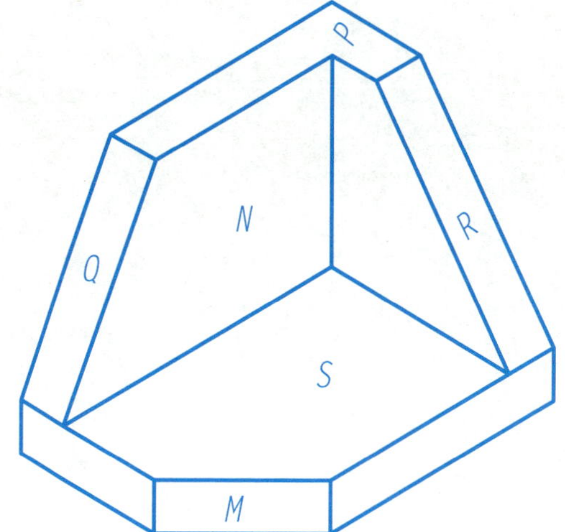

平面名称	与投影面的相对位置
P	
Q	
R	
S	
M	
N	

2. 通过平面ABC的两面投影，判断其类型。

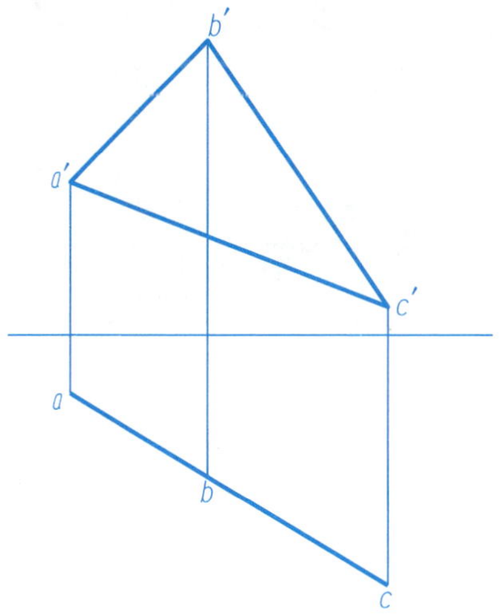

（　　）面

3. 通过平面ABC的两面投影，判断其类型。

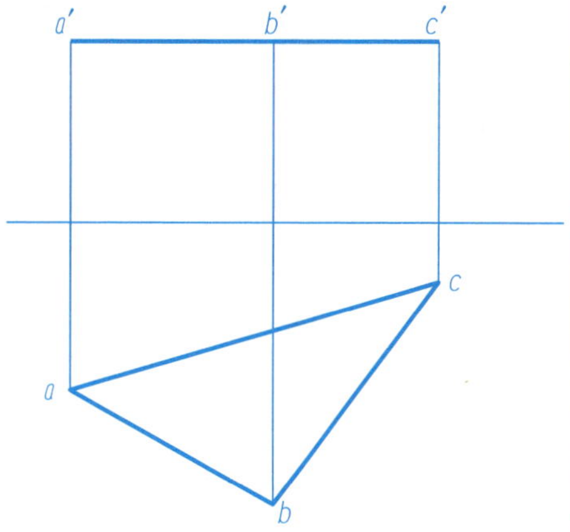

（　　）面

4. 通过平面圆O的两面投影，判断其类型。

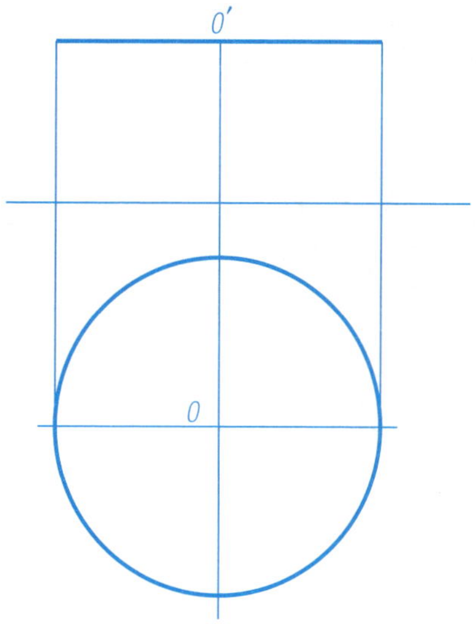

（　　）面

5. 通过平面ABCD的两面投影，判断其类型。

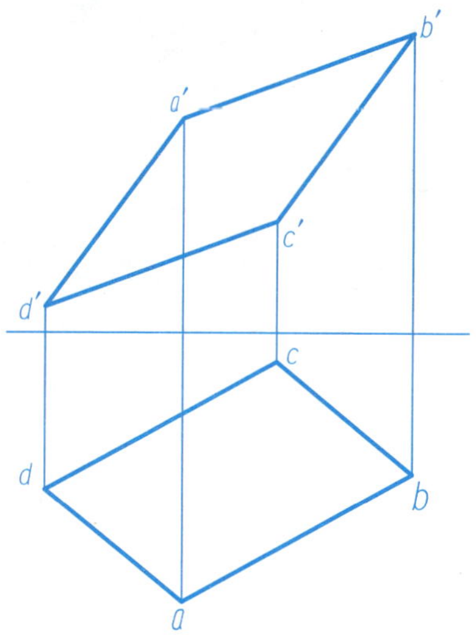

（　　）面

6. 通过平面EFG的两面投影，判断其类型。

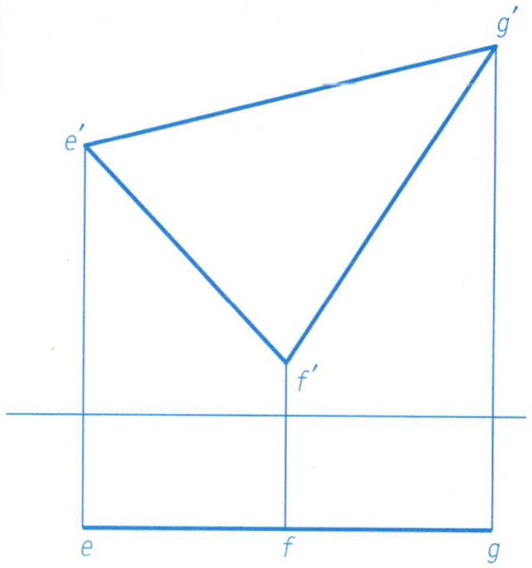

（　　）面

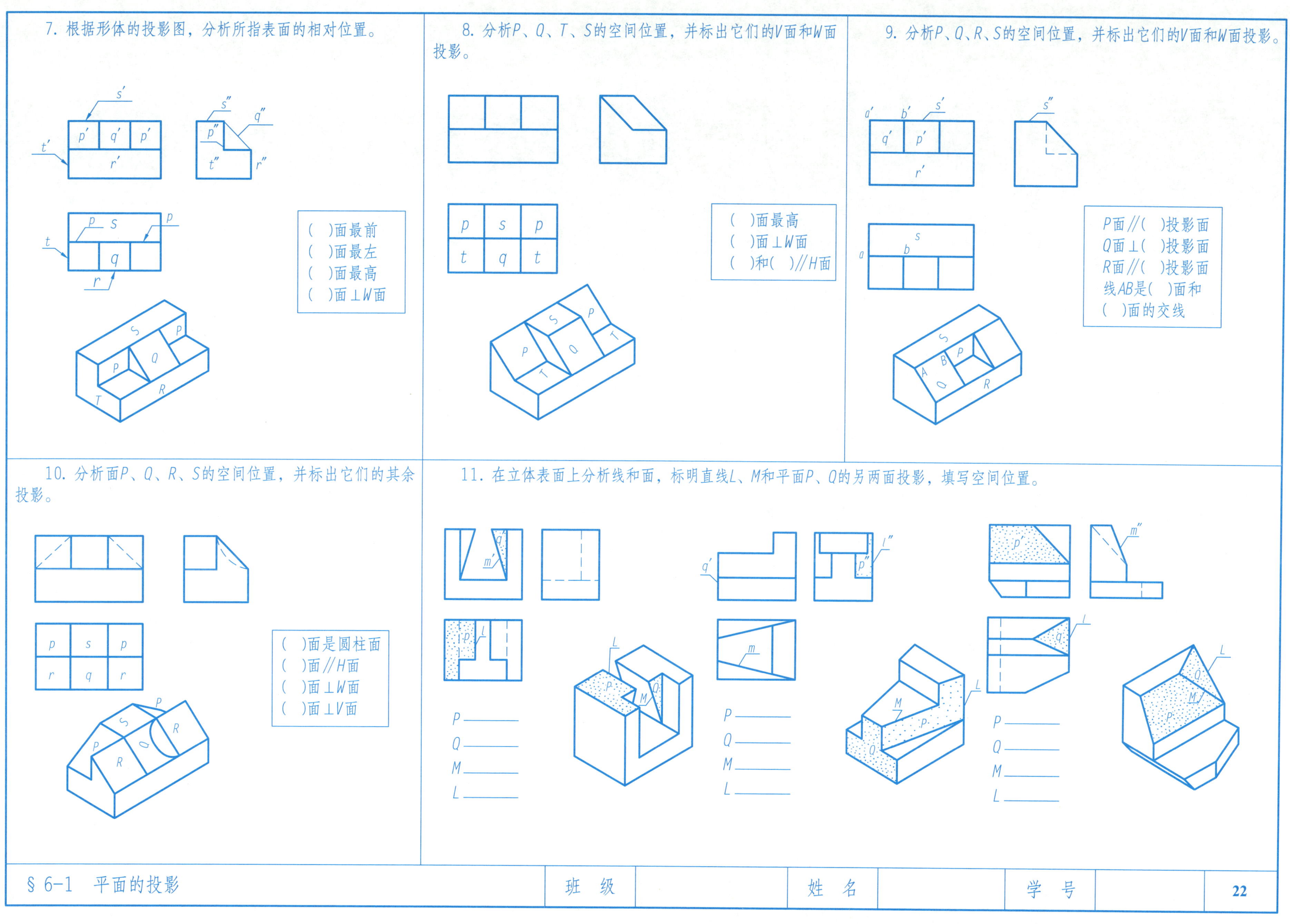
7. 根据形体的投影图，分析所指表面的相对位置。
( )面最前
( )面最左
( )面最高
( )面⊥W面
8. 分析P、Q、T、S的空间位置，并标出它们的V面和W面投影。
( )面最高
( )面⊥W面
( )和( )//H面
9. 分析P、Q、R、S的空间位置，并标出它们的V面和W面投影。
P面//( )投影面
Q面⊥( )投影面
R面//( )投影面
线AB是( )面和
( )面的交线
10. 分析面P、Q、R、S的空间位置，并标出它们的其余投影。
( )面是圆柱面
( )面//H面
( )面⊥W面
( )面⊥V面
11. 在立体表面上分析线和面，标明直线L、M和平面P、Q的另两面投影，填写空间位置。
P
Q
M
L

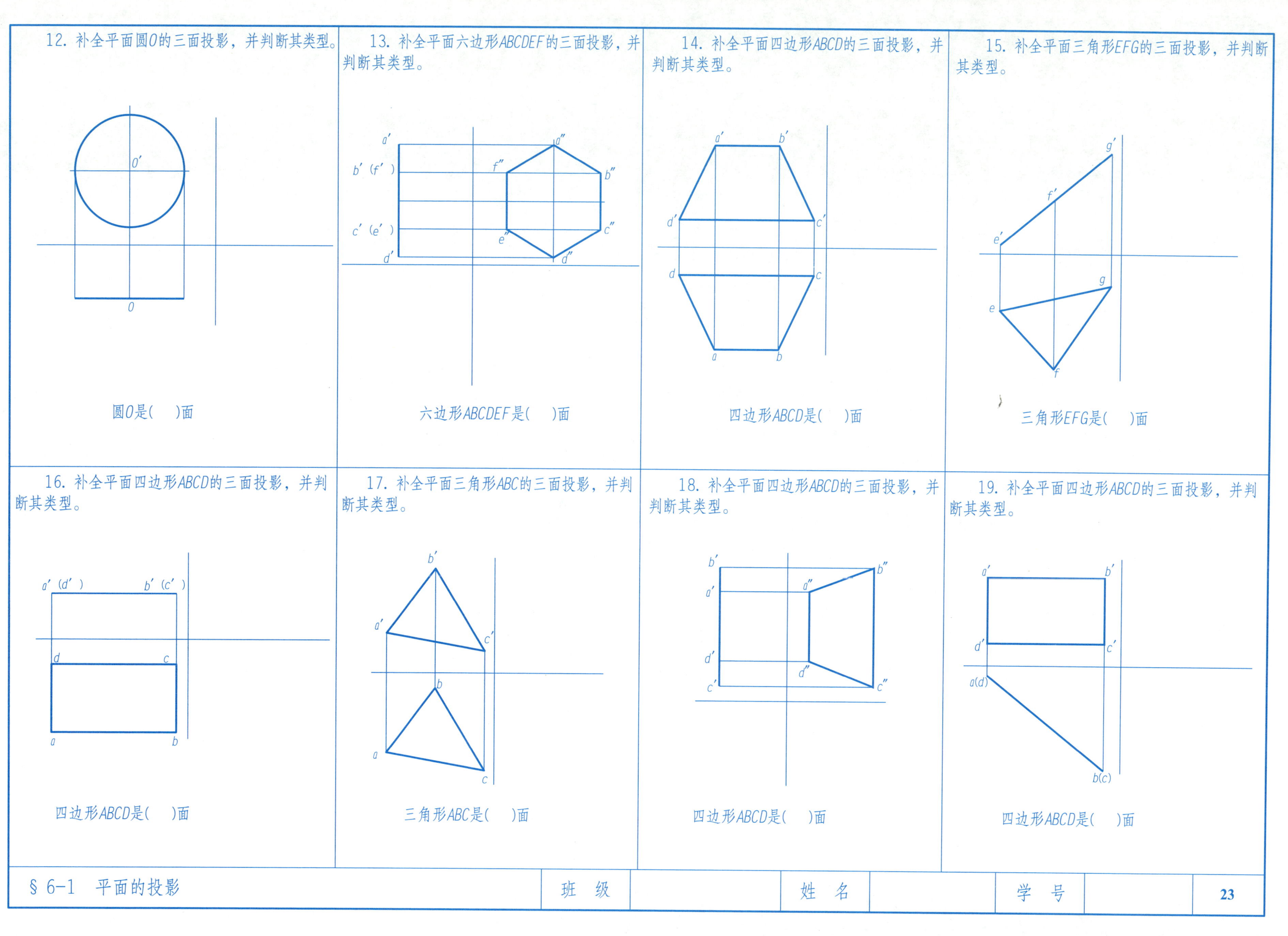
12. 补全平面圆O的三面投影，并判断其类型。
o'
o
圆O是(　　)面
13. 补全平面六边形ABCDEF的三面投影，并判断其类型。
a'
b' (f')
c' (e')
d'
a"
f"
b"
c"
e"
d"
六边形ABCDEF是(　　)面
14. 补全平面四边形ABCD的三面投影，并判断其类型。
a'
b'
d'
c'
d
c
a
b
四边形ABCD是(　　)面
15. 补全平面三角形EFG的三面投影，并判断其类型。
g'
f'
e'
g
e
f
三角形EFG是(　　)面
16. 补全平面四边形ABCD的三面投影，并判断其类型。
a' (d')
b' (c')
d
c
a
b
四边形ABCD是(　　)面
17. 补全平面三角形ABC的三面投影，并判断其类型。
b'
a'
c'
b
a
c
三角形ABC是(　　)面
18. 补全平面四边形ABCD的三面投影，并判断其类型。
b'
a'
d'
c'
b"
a"
d"
c"
四边形ABCD是(　　)面
19. 补全平面四边形ABCD的三面投影，并判断其类型。
a'
b'
d'
c'
a(d)
b(c)
四边形ABCD是(　　)面
§ 6-1　平面的投影
班　级
姓　名
学　号
23

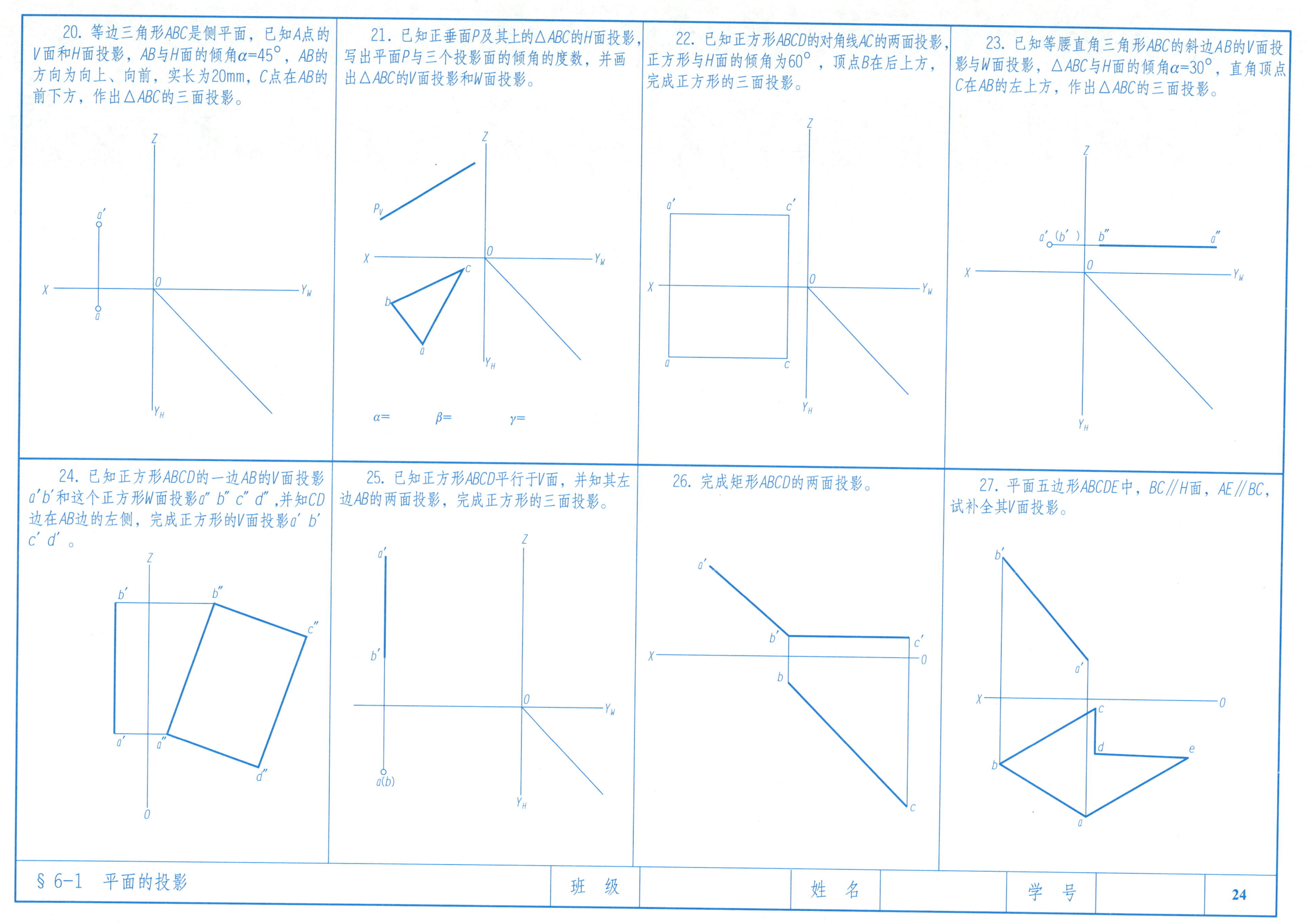

20. 等边三角形ABC是侧平面，已知A点的V面和H面投影，AB与H面的倾角$\alpha=45°$，AB的方向为向上、向前，实长为20mm，C点在AB的前下方，作出$\triangle ABC$的三面投影。

21. 已知正垂面P及其上的$\triangle ABC$的H面投影，写出平面P与三个投影面的倾角的度数，并画出$\triangle ABC$的V面投影和W面投影。

$\alpha=$　　$\beta=$　　$\gamma=$

22. 已知正方形$ABCD$的对角线AC的两面投影，正方形与H面的倾角为60°，顶点B在后上方，完成正方形的三面投影。

23. 已知等腰直角三角形ABC的斜边AB的V面投影与W面投影，$\triangle ABC$与H面的倾角$\alpha=30°$，直角顶点C在AB的左上方，作出$\triangle ABC$的三面投影。

24. 已知正方形$ABCD$的一边AB的V面投影$a'b'$和这个正方形W面投影$a''b''c''d''$，并知CD边在AB边的左侧，完成正方形的V面投影$a'b'c'd'$。

25. 已知正方形$ABCD$平行于V面，并知其左边AB的两面投影，完成正方形的三面投影。

26. 完成矩形$ABCD$的两面投影。

27. 平面五边形$ABCDE$中，$BC // H$面，$AE // BC$，试补全其V面投影。

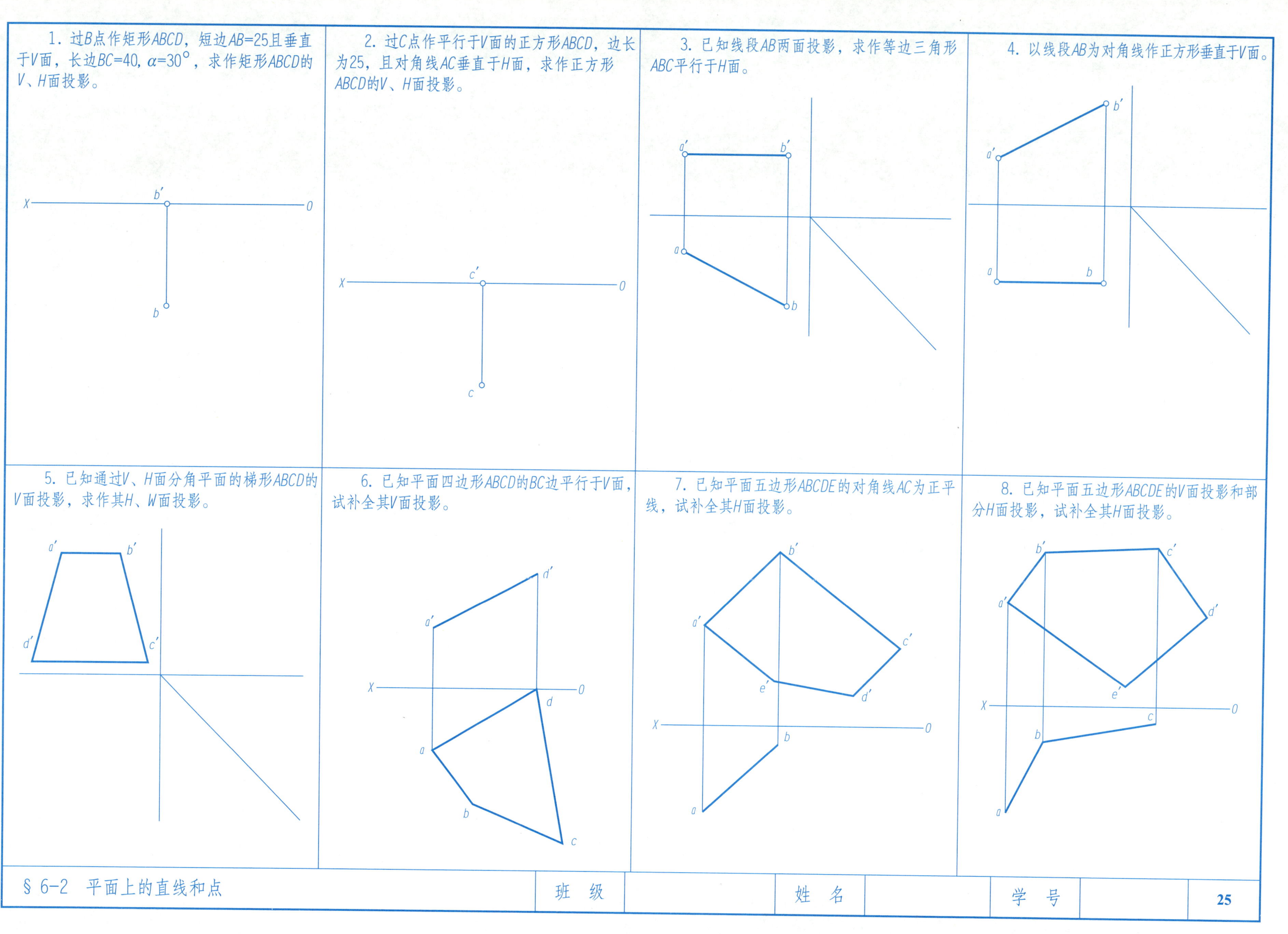
1. 过B点作矩形ABCD，短边AB=25且垂直于V面，长边BC=40，α=30°，求作矩形ABCD的V、H面投影。
2. 过C点作平行于V面的正方形ABCD，边长为25，且对角线AC垂直于H面，求作正方形ABCD的V、H面投影。
3. 已知线段AB两面投影，求作等边三角形ABC平行于H面。
4. 以线段AB为对角线作正方形垂直于V面。
5. 已知通过V、H面分角平面的梯形ABCD的V面投影，求作其H、W面投影。
6. 已知平面四边形ABCD的BC边平行于V面，试补全其V面投影。
7. 已知平面五边形ABCDE的对角线AC为正平线，试补全其H面投影。
8. 已知平面五边形ABCDE的V面投影和部分H面投影，试补全其H面投影。
§ 6-2 平面上的直线和点
班 级
姓 名
学 号
25

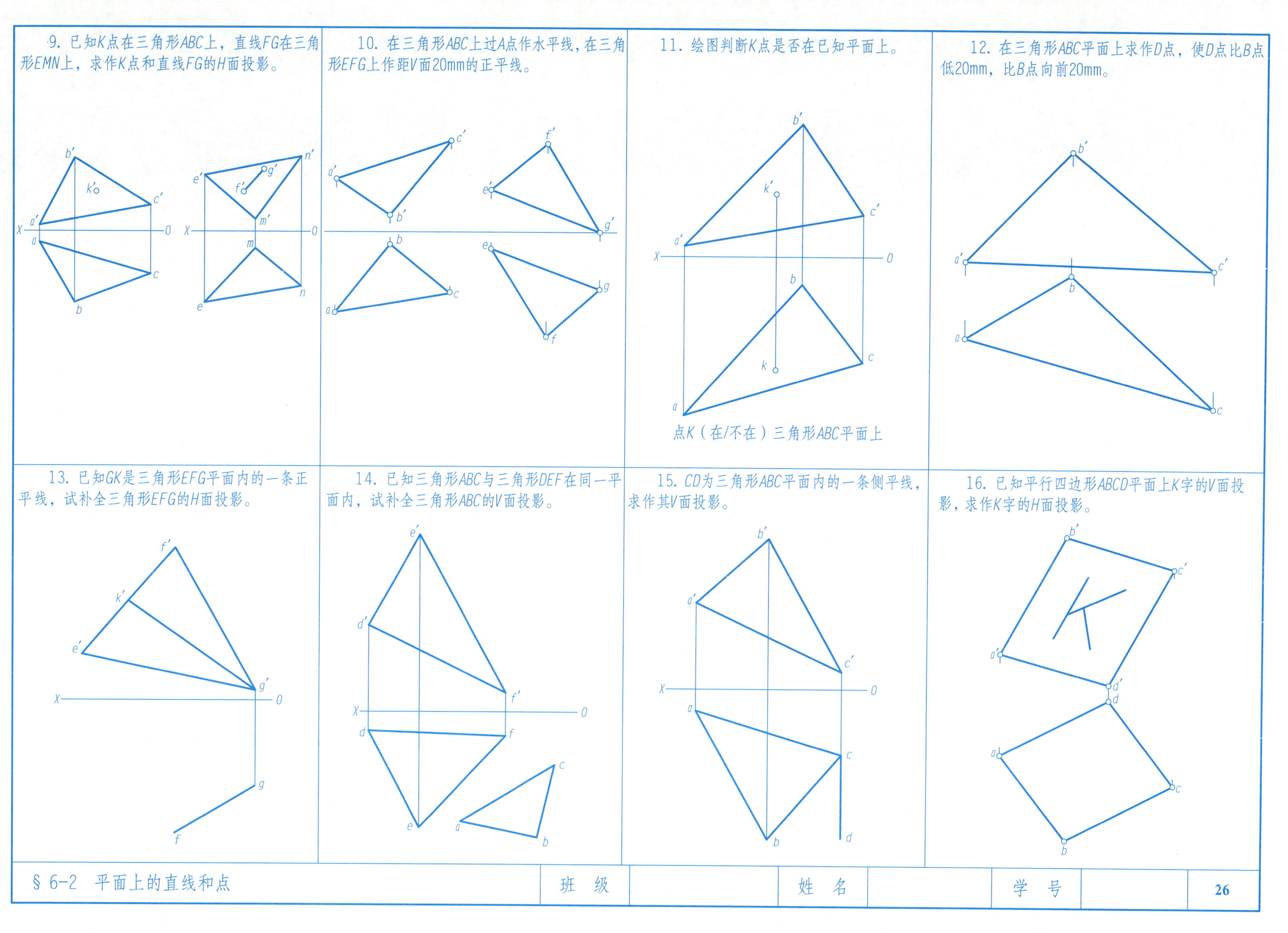
9. 已知K点在三角形ABC上，直线FG在三角形EMN上，求作K点和直线FG的H面投影。
10. 在三角形ABC上过A点作水平线，在三角形EFG上作距V面20mm的正平线。
11. 绘图判断K点是否在已知平面上。
点K（在/不在）三角形ABC平面上
12. 在三角形ABC平面上求作D点，使D点比B点低20mm，比B点向前20mm。
13. 已知GK是三角形EFG平面内的一条正平线，试补全三角形EFG的H面投影。
14. 已知三角形ABC与三角形DEF在同一平面内，试补全三角形ABC的V面投影。
15. CD为三角形ABC平面内的一条侧平线，求作其V面投影。
16. 已知平行四边形ABCD平面上K字的V面投影，求作K字的H面投影。

1. 判断直线与平面的相对位置。

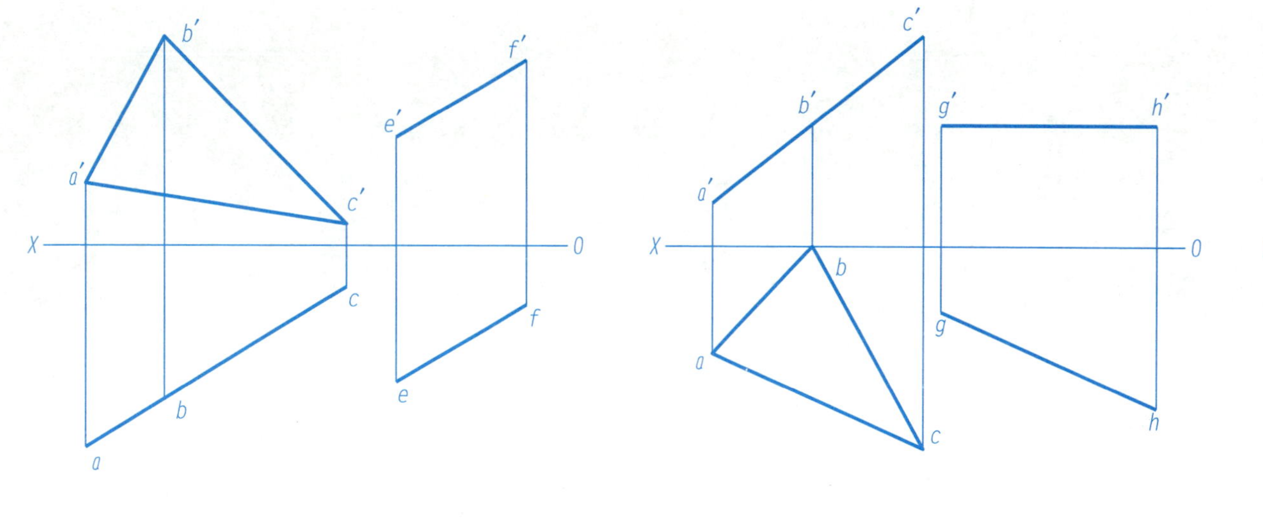

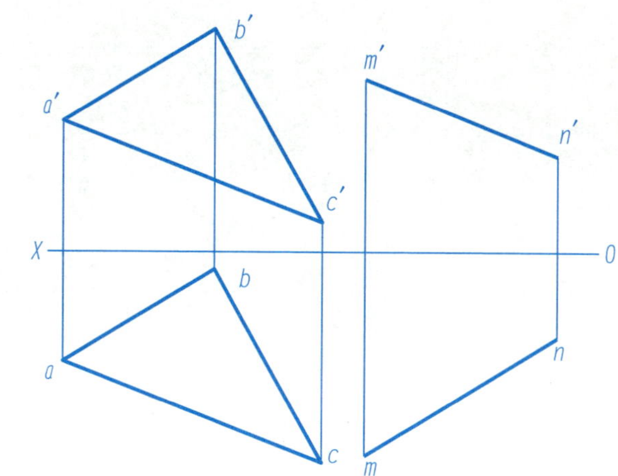

EF______△ABC　　　GH______△ABC　　　MN______△ABC

2. 判断平面与平面的相对位置。

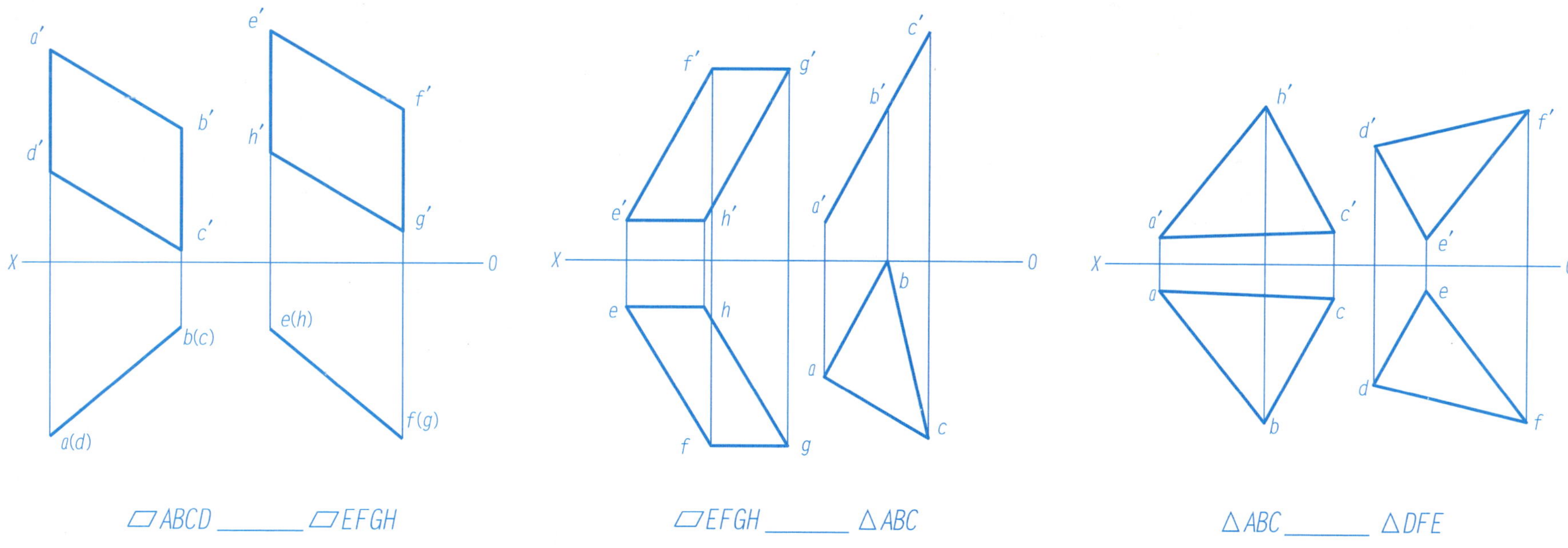

▱ABCD______▱EFGH　　　▱EFGH______△ABC　　　△ABC______△DFE

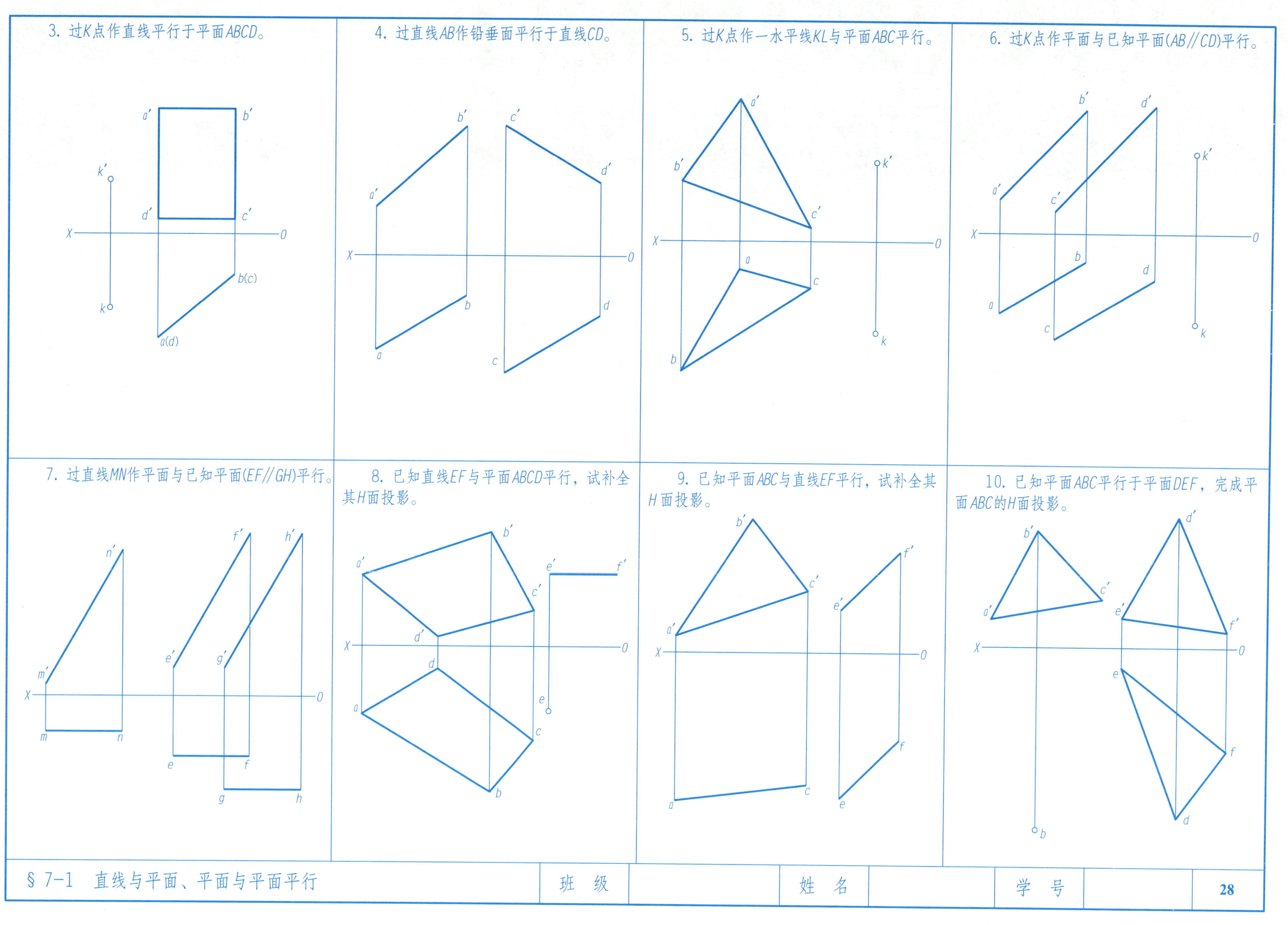
3. 过K点作直线平行于平面ABCD。
4. 过直线AB作铅垂面平行于直线CD。
5. 过K点作一水平线KL与平面ABC平行。
6. 过K点作平面与已知平面(AB//CD)平行。
7. 过直线MN作平面与已知平面(EF//GH)平行。
8. 已知直线EF与平面ABCD平行，试补全其H面投影。
9. 已知平面ABC与直线EF平行，试补全其H面投影。
10. 已知平面ABC平行于平面DEF，完成平面ABC的H面投影。
§ 7-1 直线与平面、平面与平面平行
班 级
姓 名
学 号
28

1. 作图检查直线与平面或平面与平面是否垂直。

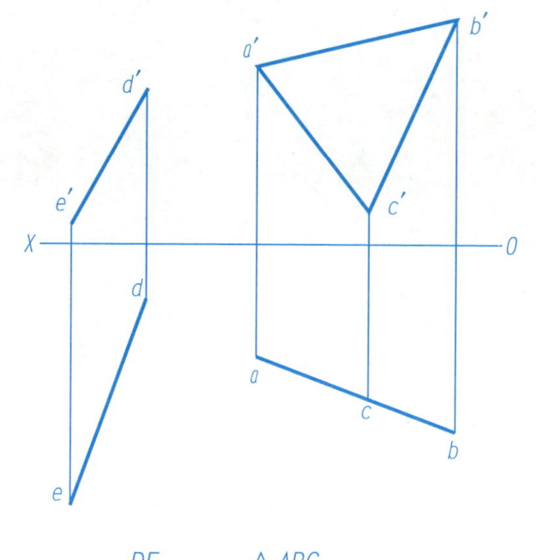

DE______△ABC

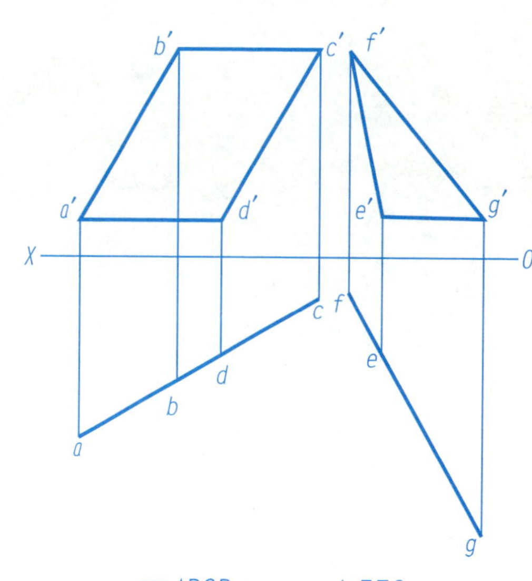

▱ABCD______△EFG

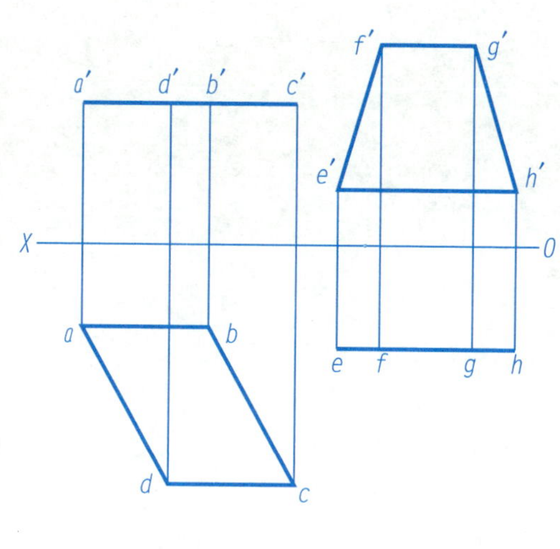

▱ABCD______梯形EFGH

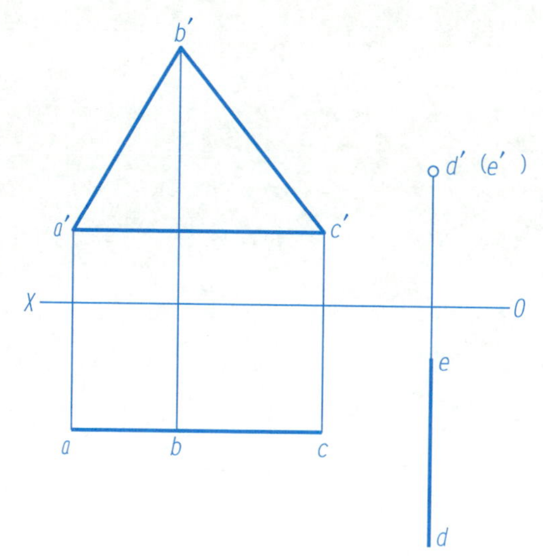

△ABC______DE

2. 已知过K点的一水平线和正平线，构成的平面与水平线AB垂直，求作这个平面。

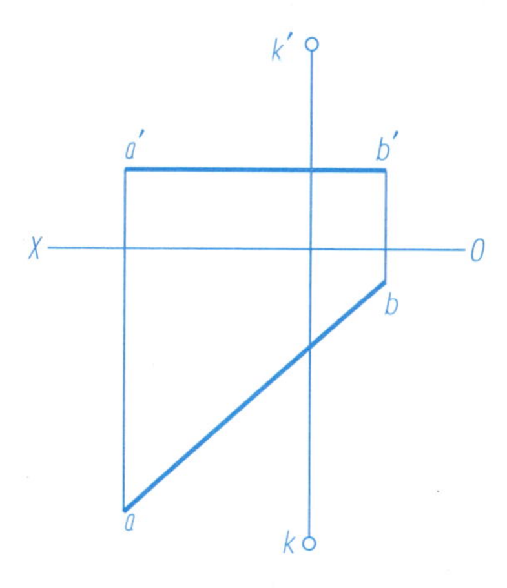

3. 已知过K点的一水平线和正平线，构成的平面与正平线CD垂直，求作这个平面。

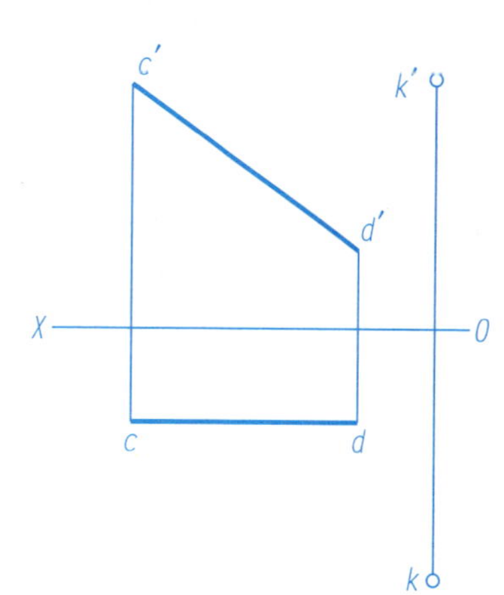

4. 过K点作铅垂面R垂直于三角形ABC。

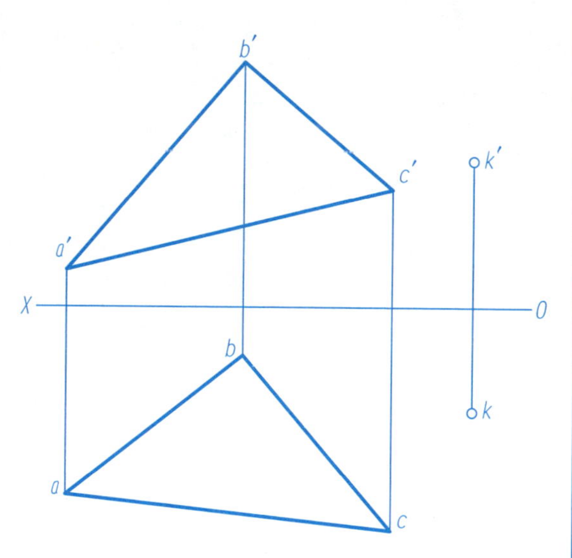

5. 过K点作正垂面R垂直于三角形ABC。

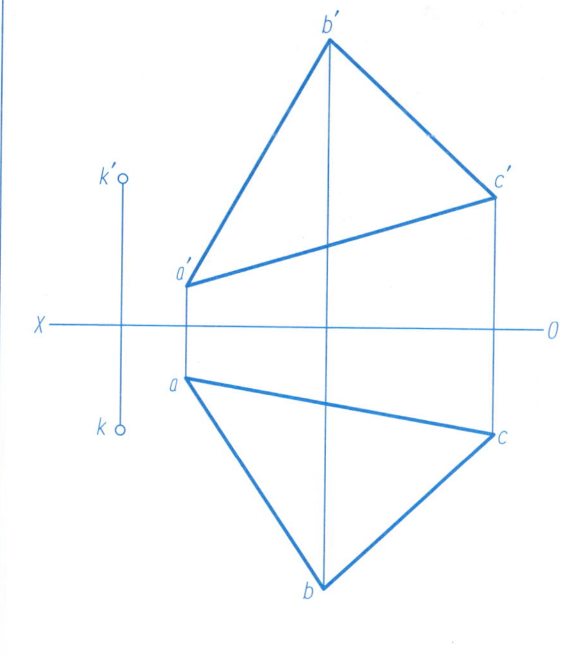

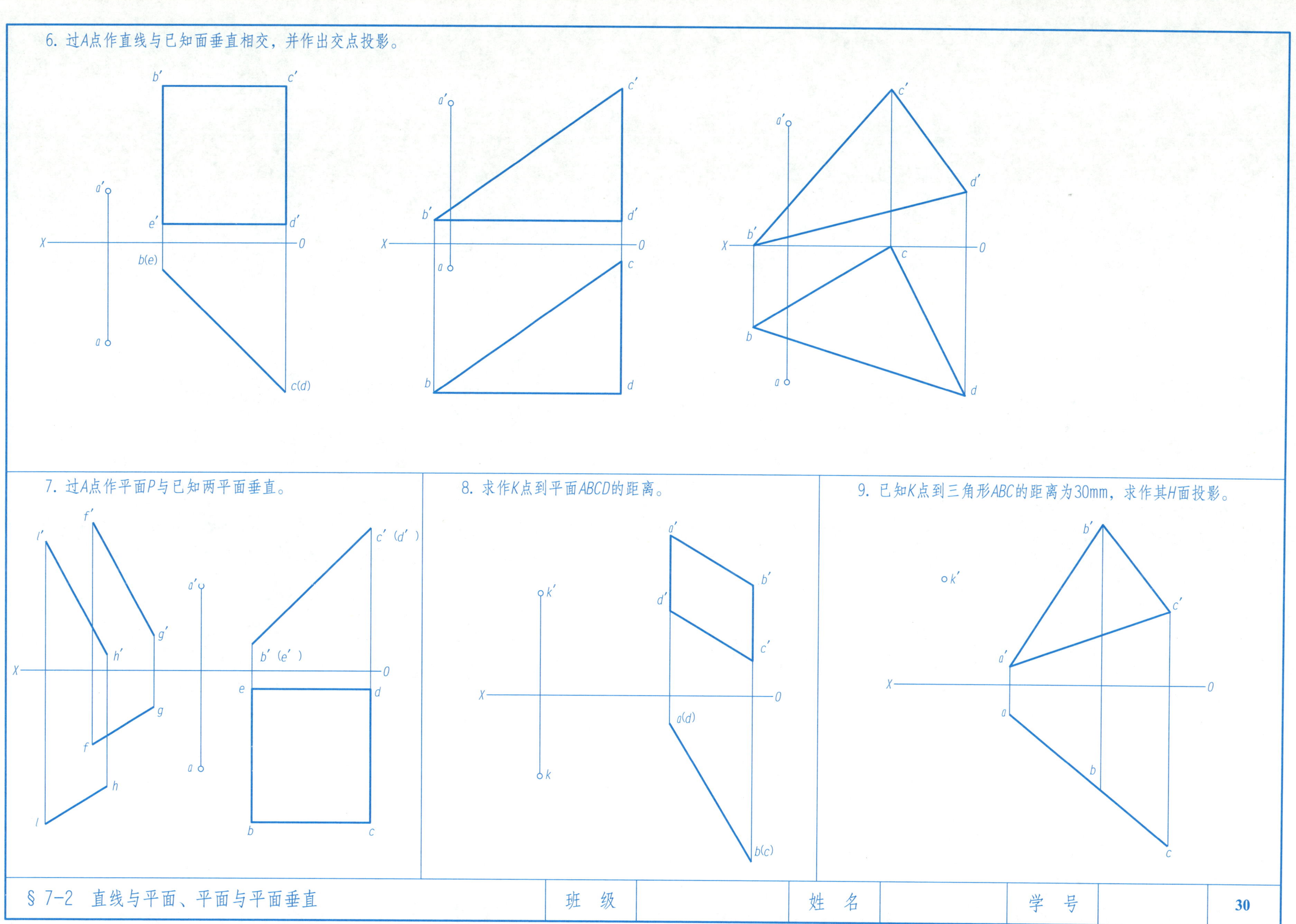

6. 过A点作直线与已知面垂直相交，并作出交点投影。

7. 过A点作平面P与已知两平面垂直。

8. 求作K点到平面ABCD的距离。

9. 已知K点到三角形ABC的距离为30mm，求作其H面投影。

1. 求作投影面垂直线与一般位置平面的交点，并完成线与面的三面投影。

2. 求作一般位置线与投影面垂直面的交点，并完成线与面的三面投影。

3. 求作一般位置平面与投影面垂直面的交线，并完成线与面的三面投影。

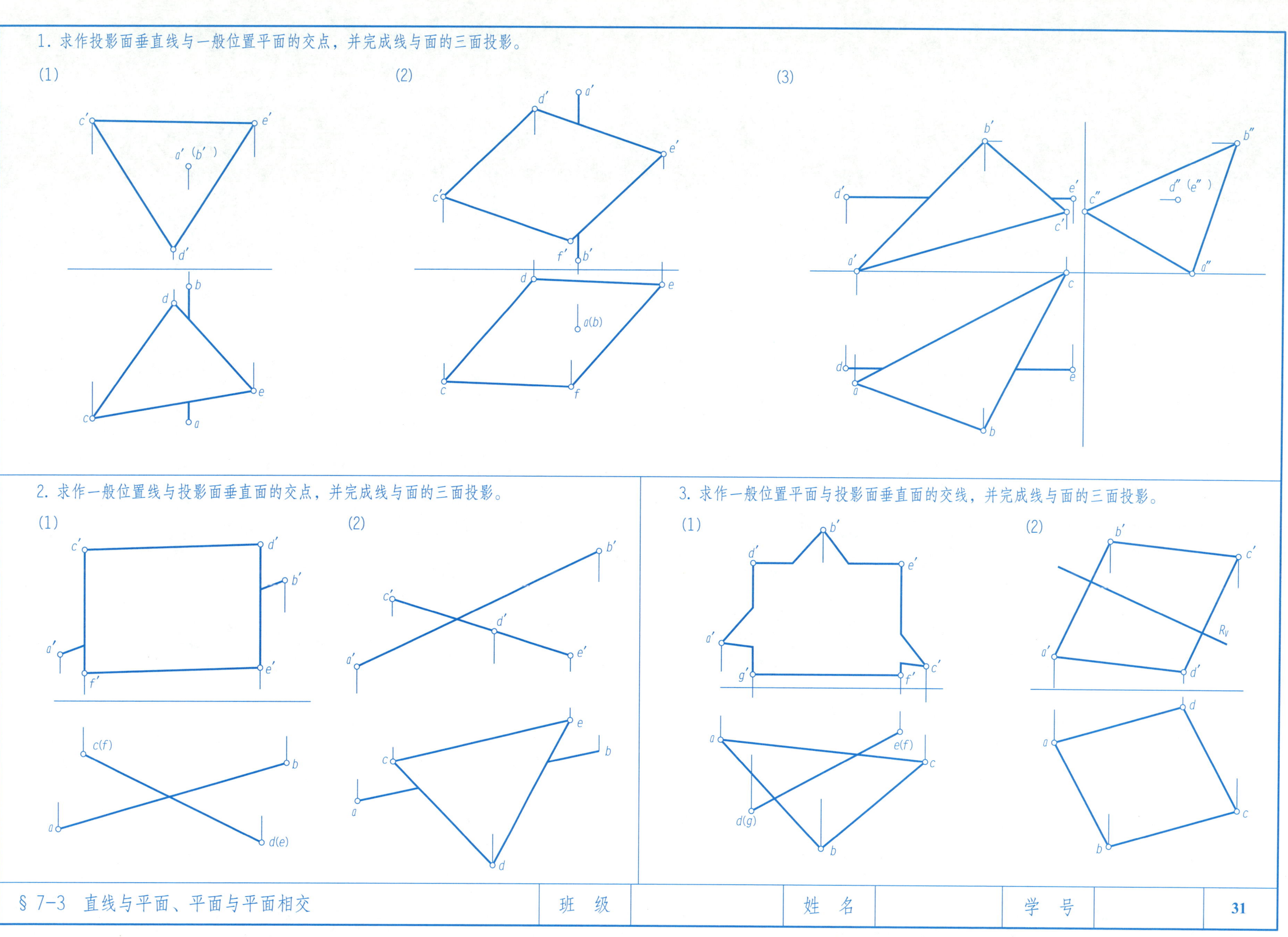

4. 一般位置线与一般位置平面相交，完成其投影。

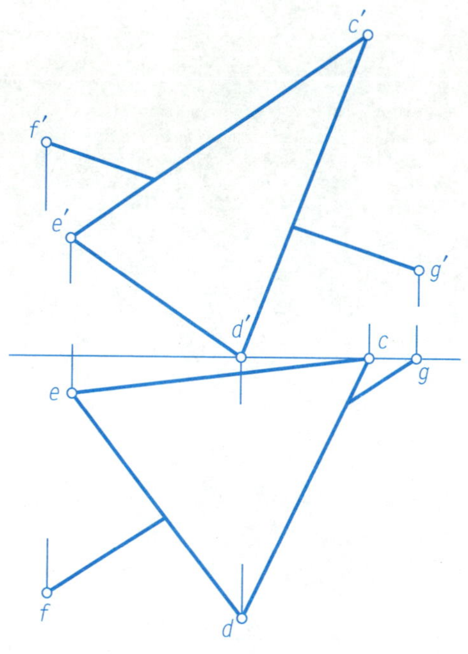

5. 一般位置线与一般位置平面相交，完成其投影。

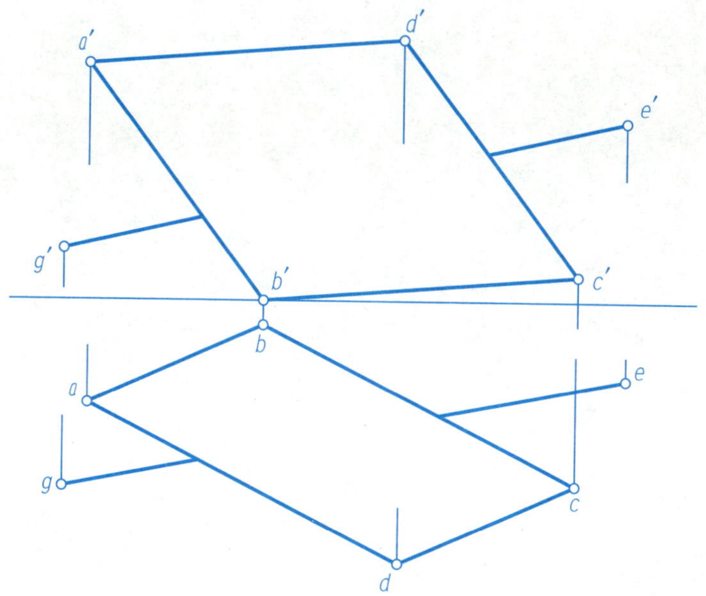

6. 求作三角形ABC与三角形DEF的交线，完成其投影。

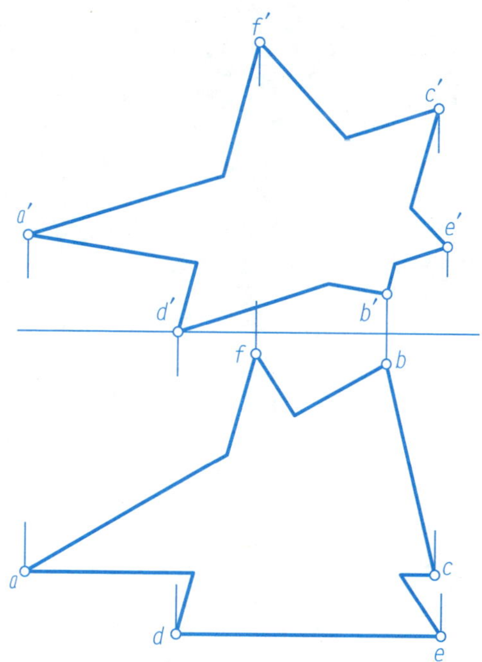

7. 两一般位置平面相交，完成其投影。

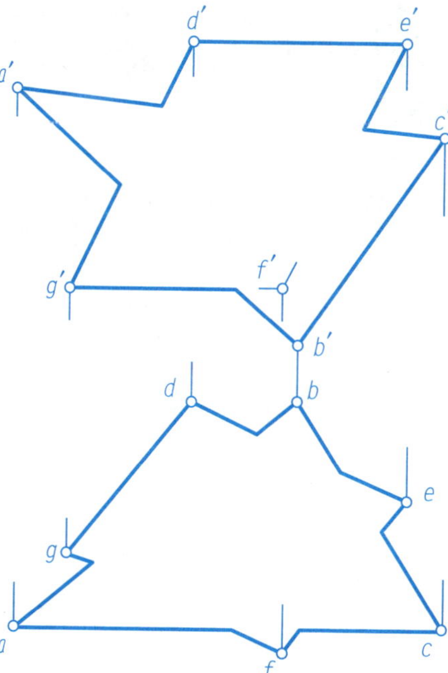

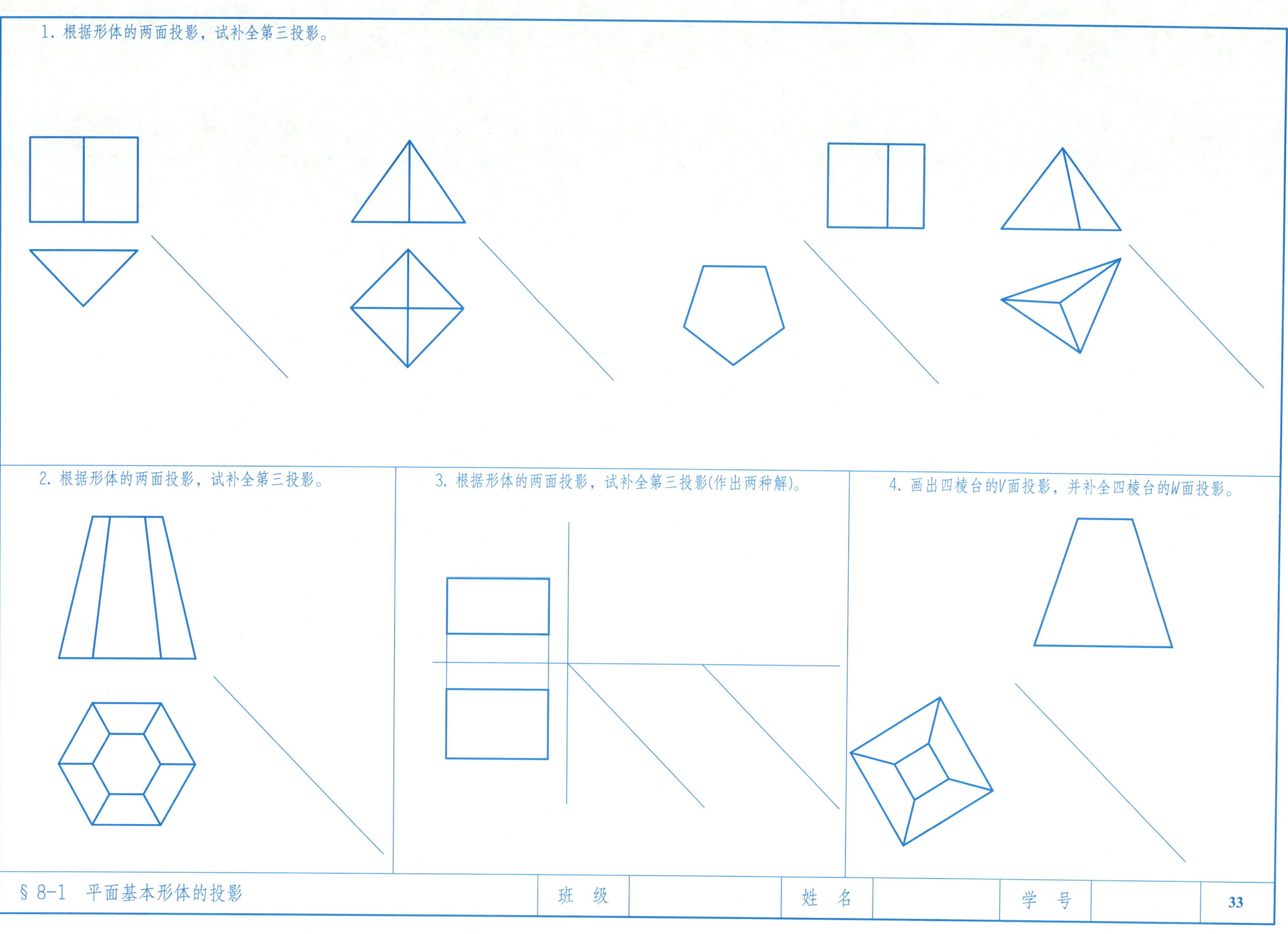
1. 根据形体的两面投影，试补全第三投影。
2. 根据形体的两面投影，试补全第三投影。
3. 根据形体的两面投影，试补全第三投影(作出两种解)。
4. 画出四棱台的V面投影，并补全四棱台的W面投影。
§8-1 平面基本形体的投影
班 级
姓 名
学 号
33

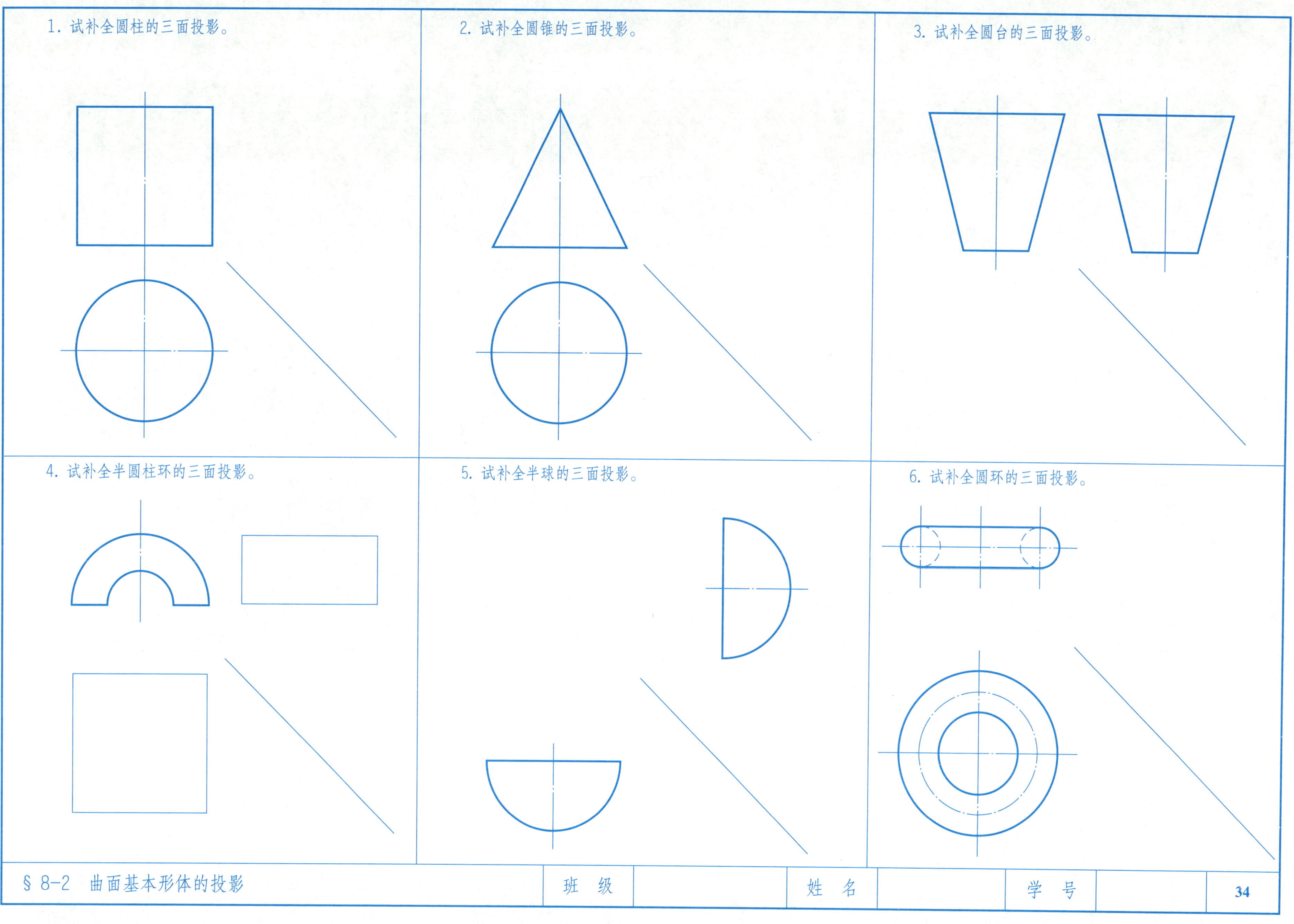
1. 试补全圆柱的三面投影。
2. 试补全圆锥的三面投影。
3. 试补全圆台的三面投影。
4. 试补全半圆柱环的三面投影。
5. 试补全半球的三面投影。
6. 试补全圆环的三面投影。
§ 8-2 曲面基本形体的投影
班 级
姓 名
学 号
34

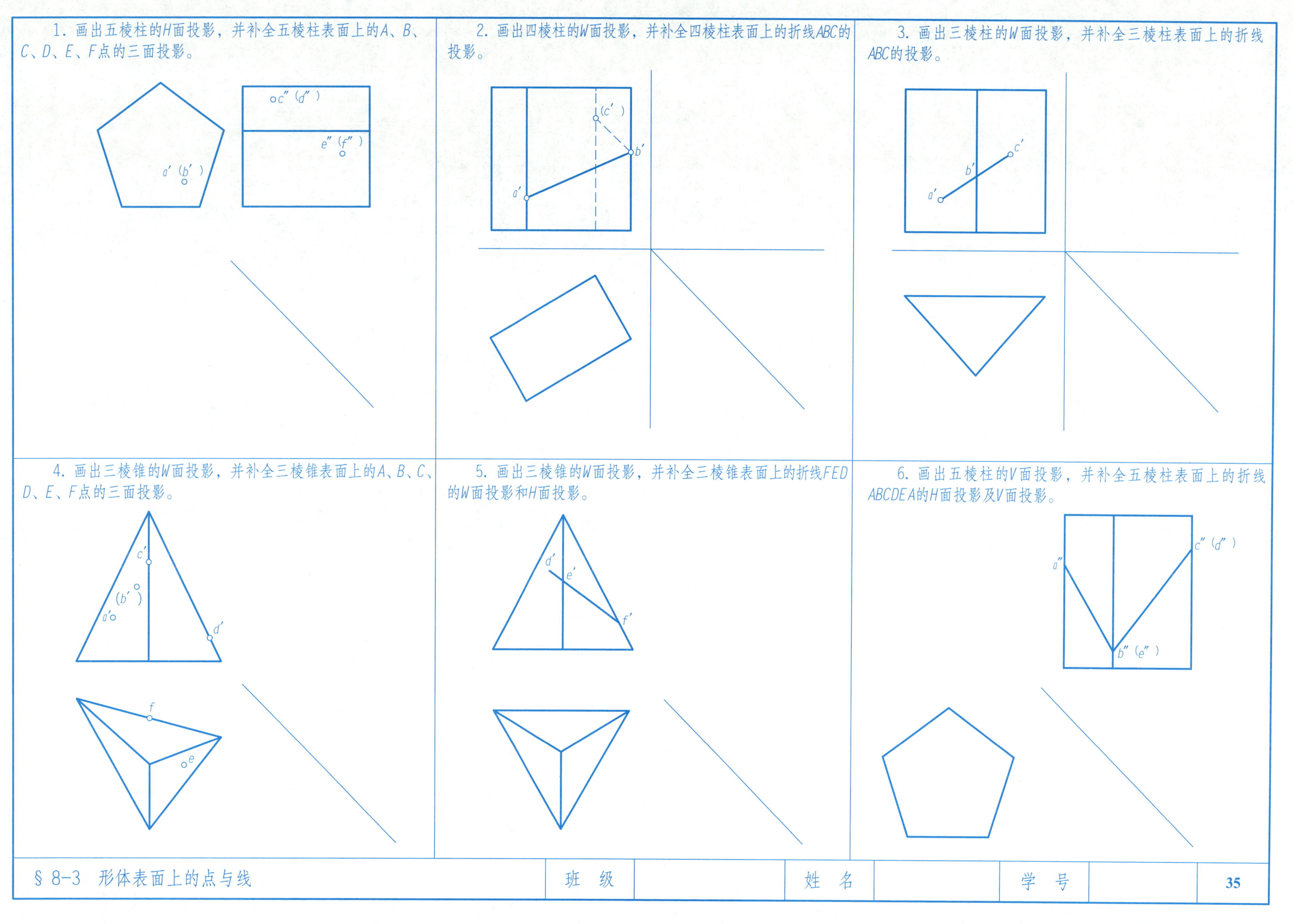
1. 画出五棱柱的H面投影，并补全五棱柱表面上的A、B、C、D、E、F点的三面投影。
a′ (b′)
c″ (d″)
e″ (f″)
2. 画出四棱柱的W面投影，并补全四棱柱表面上的折线ABC的投影。
(c′)
b′
a′
3. 画出三棱柱的W面投影，并补全三棱柱表面上的折线ABC的投影。
c′
b′
a′
4. 画出三棱锥的W面投影，并补全三棱锥表面上的A、B、C、D、E、F点的三面投影。
c′
(b′)
a′
d′
f
e
5. 画出三棱锥的W面投影，并补全三棱锥表面上的折线FED的W面投影和H面投影。
d′
e′
f′
6. 画出五棱柱的V面投影，并补全五棱柱表面上的折线ABCDEA的H面投影及V面投影。
a″
c″ (d″)
b″ (e″)
§ 8-3 形体表面上的点与线
班 级
姓 名
学 号
35

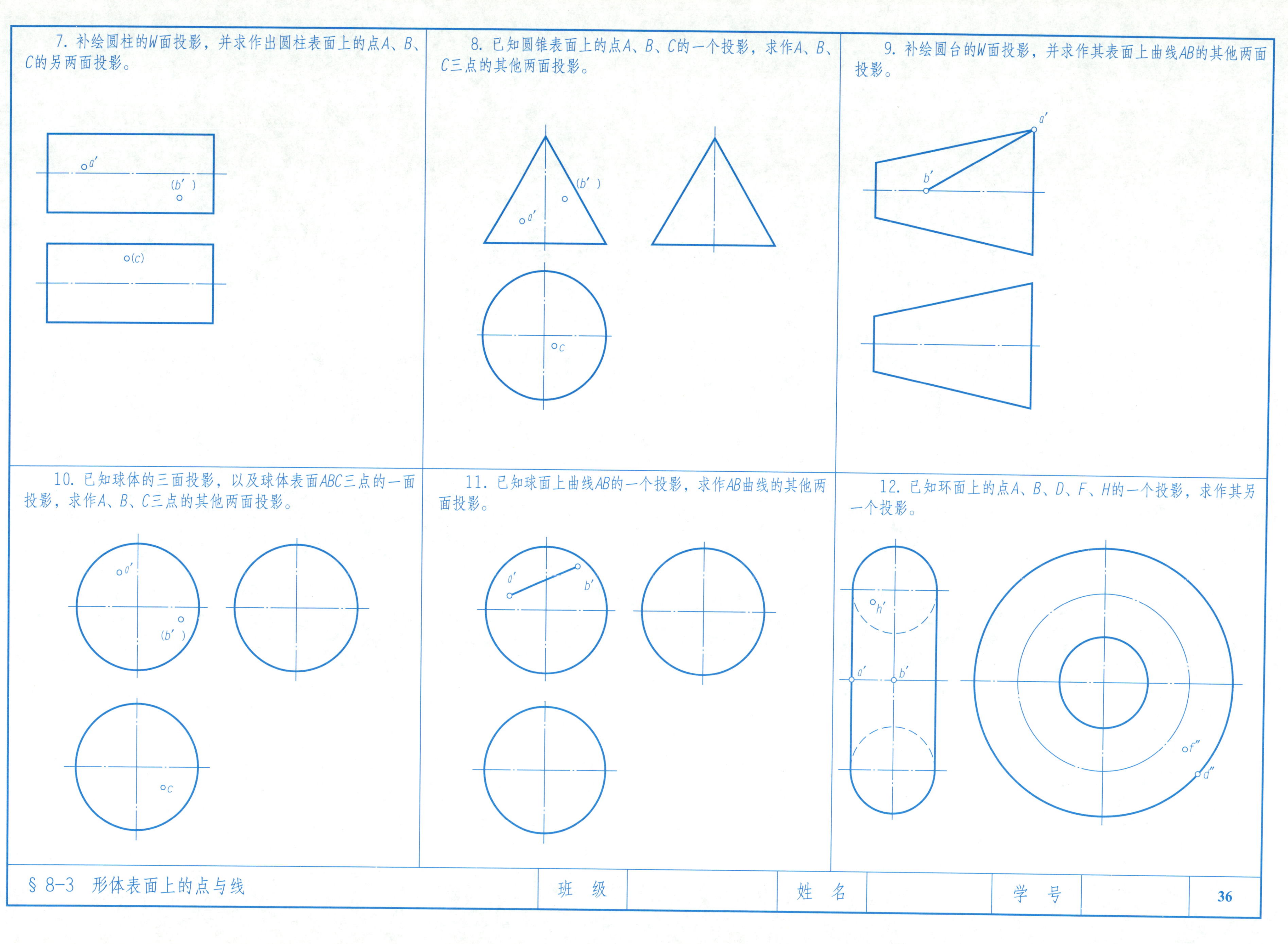
7. 补绘圆柱的W面投影，并求作出圆柱表面上的点A、B、C的另两面投影。
a′
(b′)
(c)
8. 已知圆锥表面上的点A、B、C的一个投影，求作A、B、C三点的其他两面投影。
(b′)
a′
c
9. 补绘圆台的W面投影，并求作其表面上曲线AB的其他两面投影。
a′
b′
10. 已知球体的三面投影，以及球体表面ABC三点的一面投影，求作A、B、C三点的其他两面投影。
a′
(b′)
c
11. 已知球面上曲线AB的一个投影，求作AB曲线的其他两面投影。
a′
b′
12. 已知环面上的点A、B、D、F、H的一个投影，求作其另一个投影。
h′
a′
b′
f″
d″
§ 8-3 形体表面上的点与线
班 级
姓 名
学 号
36

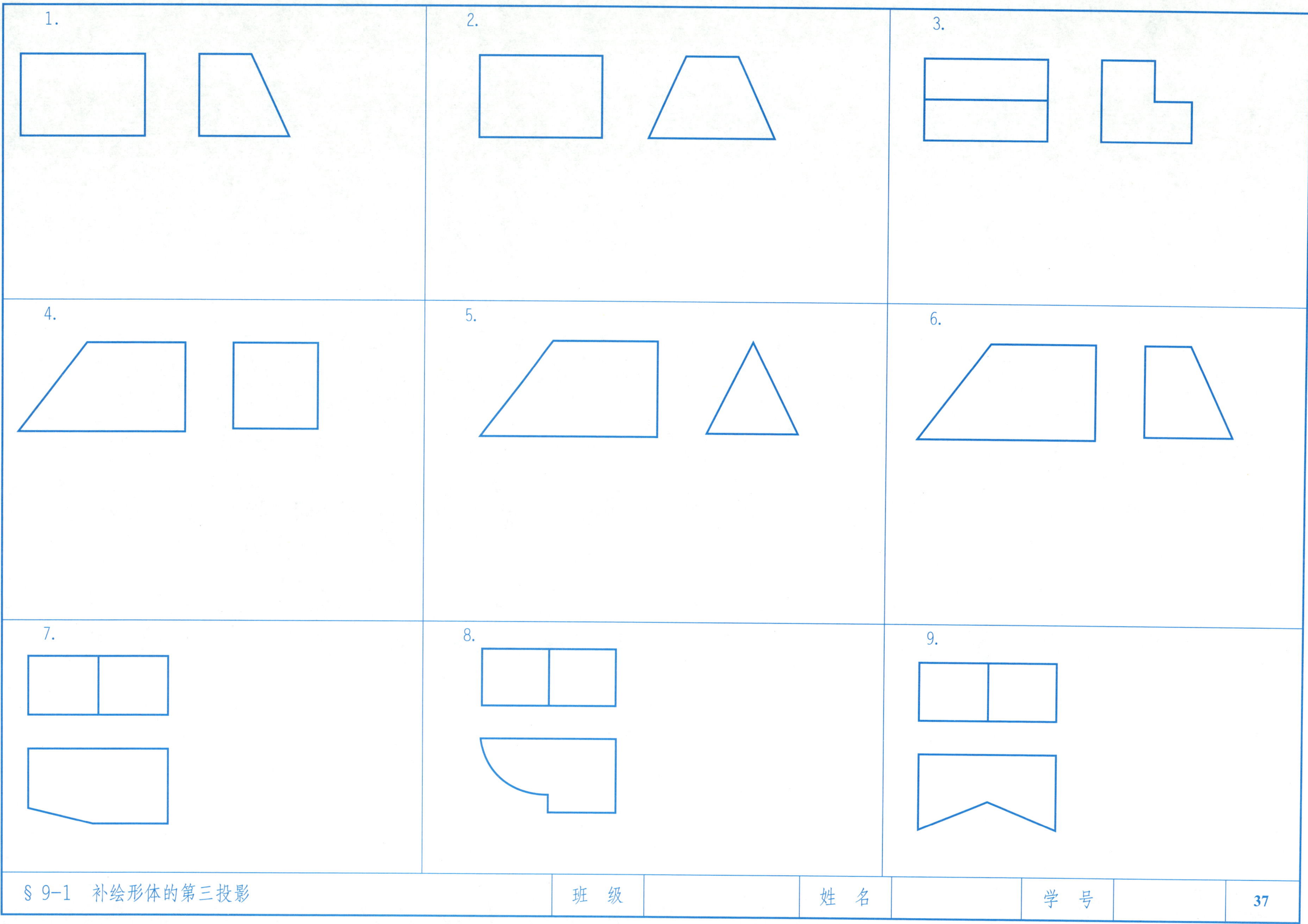
1.
2.
3.
4.
5.
6.
7.
8.
9.

10.

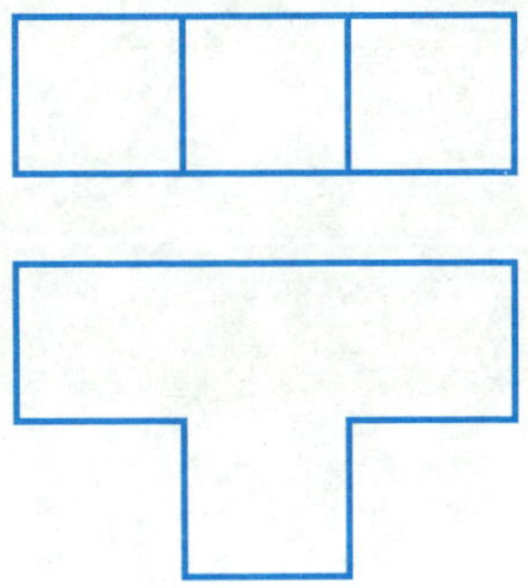

11.

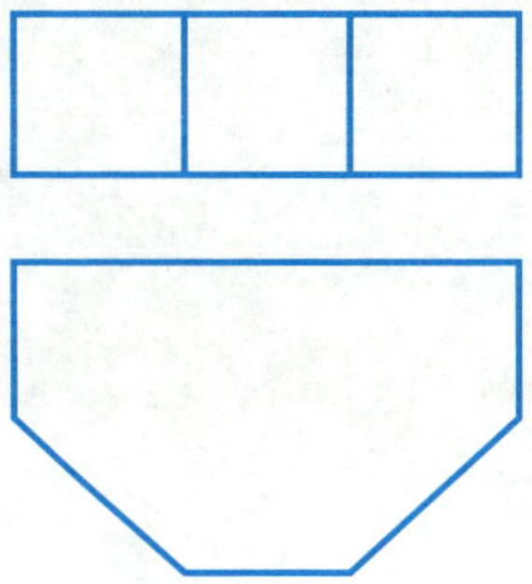

12.

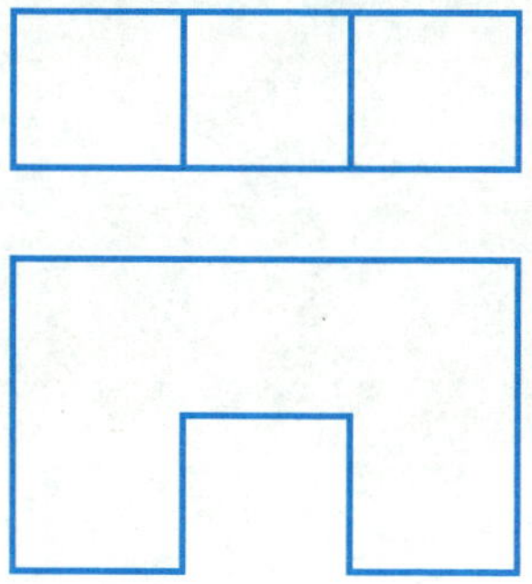

13.

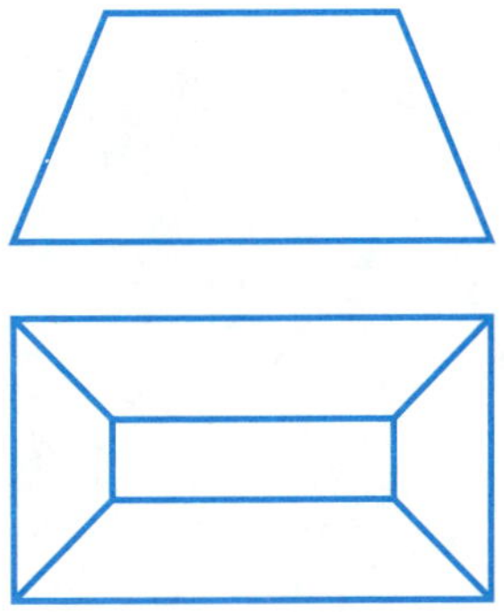

14.

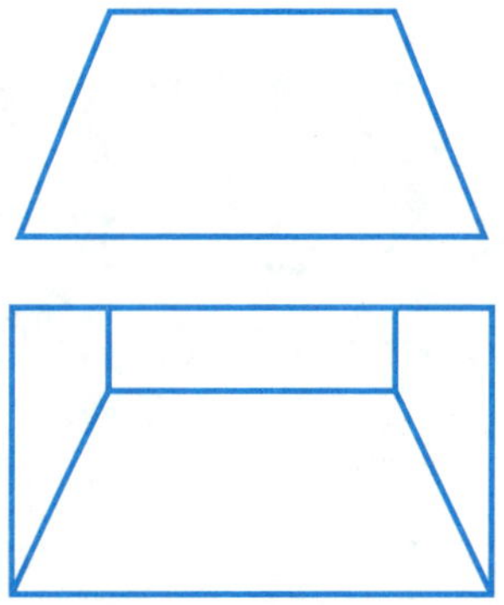

15.

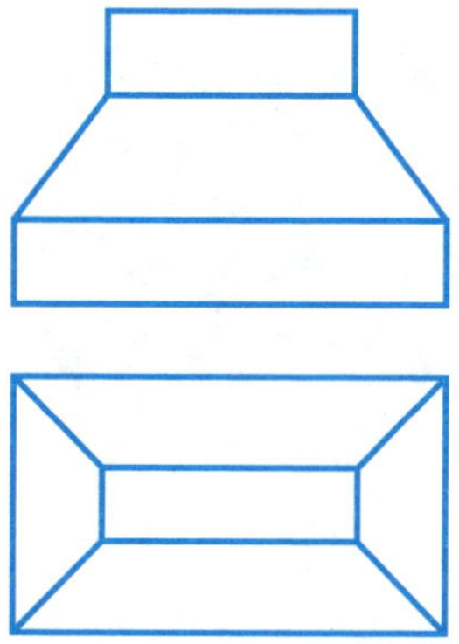

16.

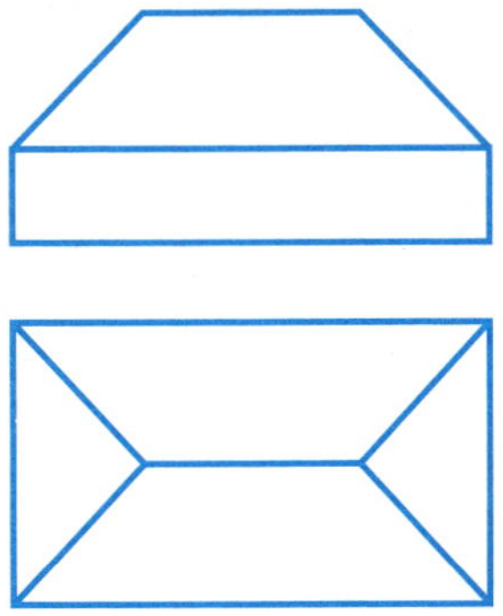

17.

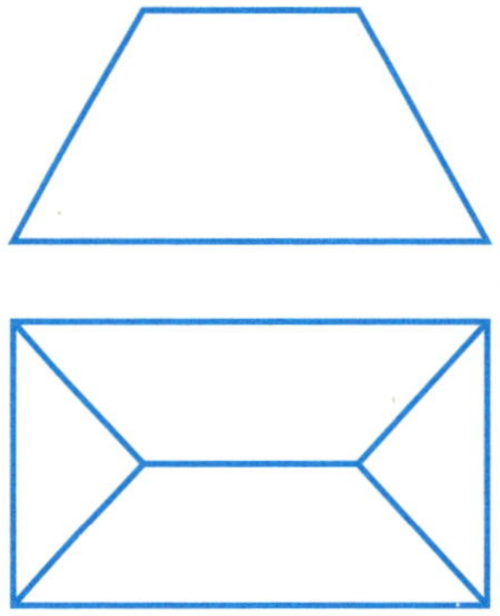

18.

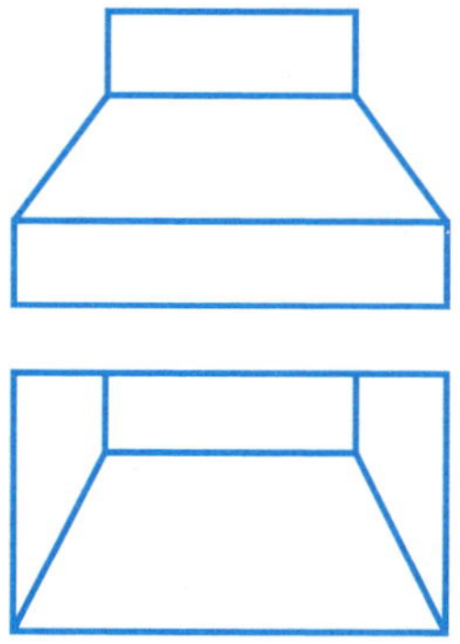

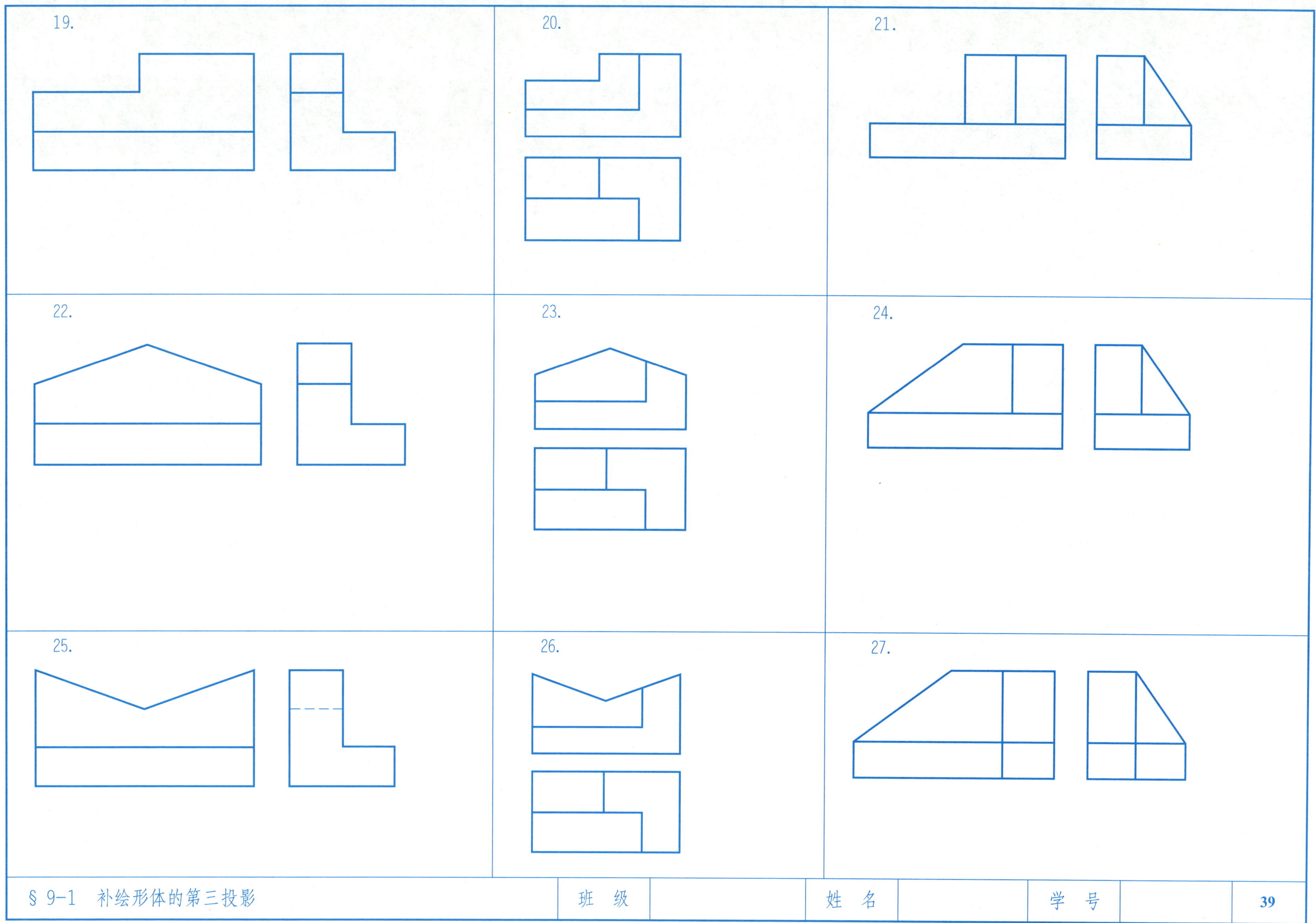
19.
20.
21.
22.
23.
24.
25.
26.
27.

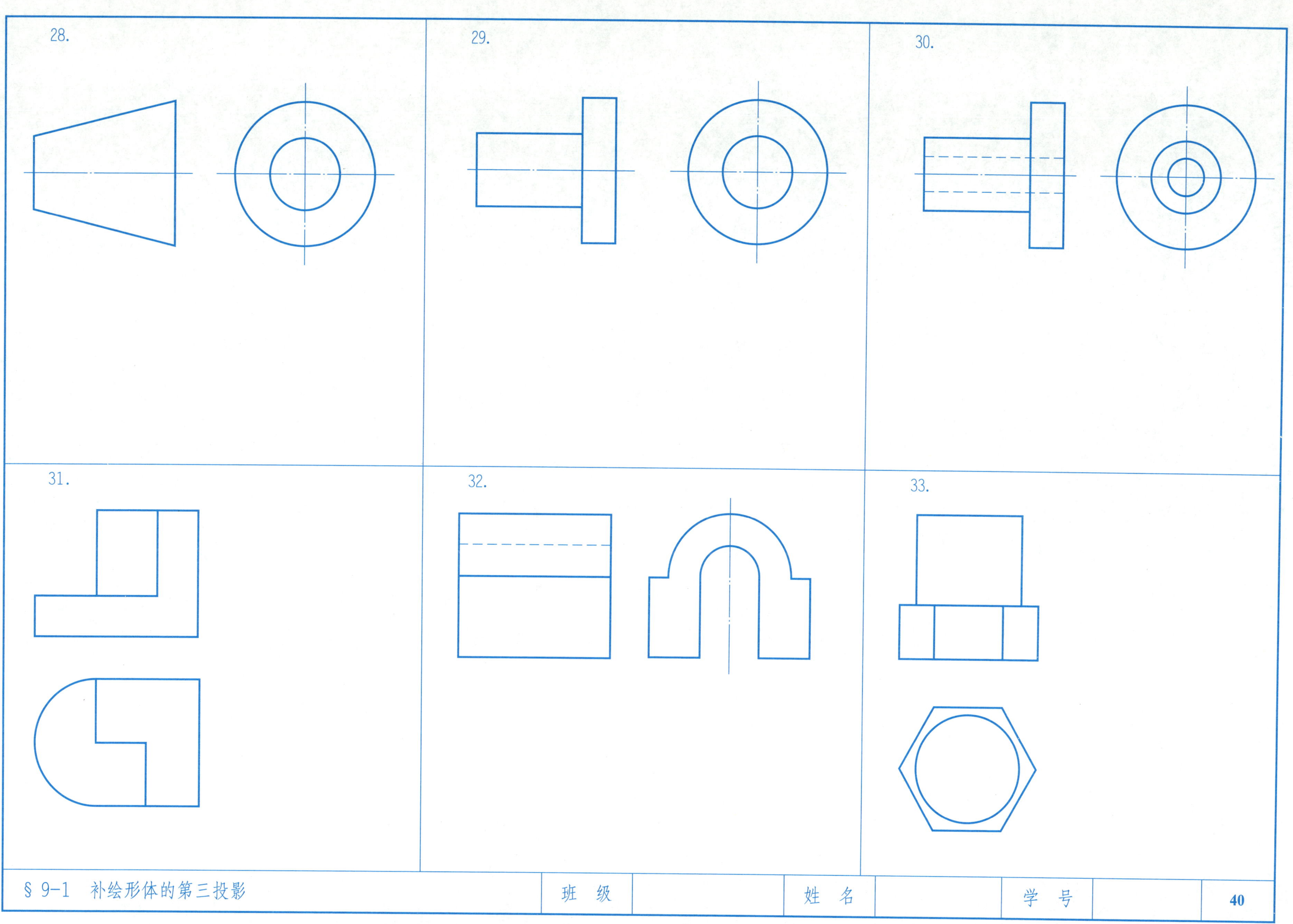

§ 9-1　补绘形体的第三投影

班　级		姓　名		学　号		40

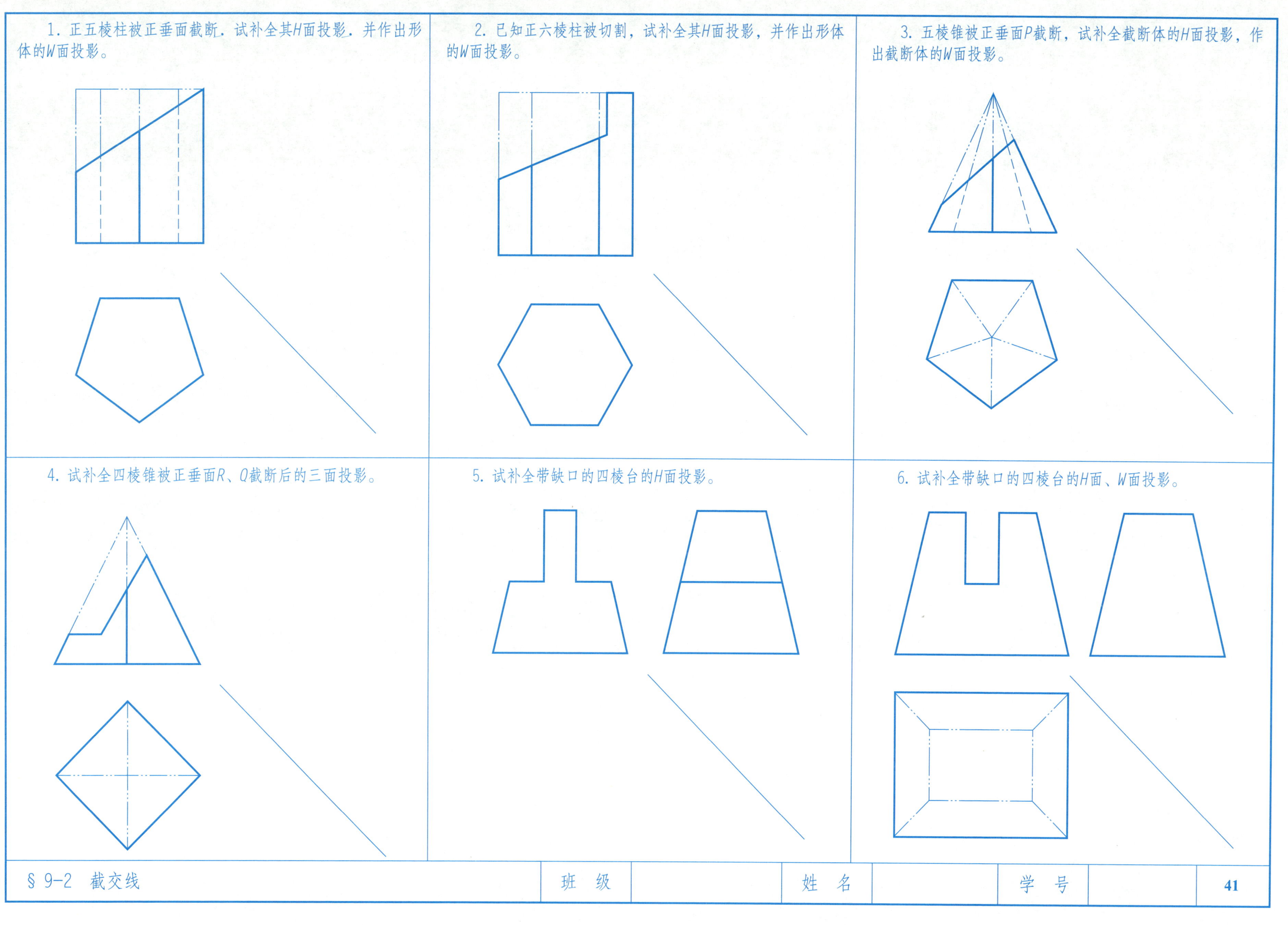
1. 正五棱柱被正垂面截断，试补全其H面投影，并作出形体的W面投影。
2. 已知正六棱柱被切割，试补全其H面投影，并作出形体的W面投影。
3. 五棱锥被正垂面P截断，试补全截断体的H面投影，作出截断体的W面投影。
4. 试补全四棱锥被正垂面R、Q截断后的三面投影。
5. 试补全带缺口的四棱台的H面投影。
6. 试补全带缺口的四棱台的H面、W面投影。

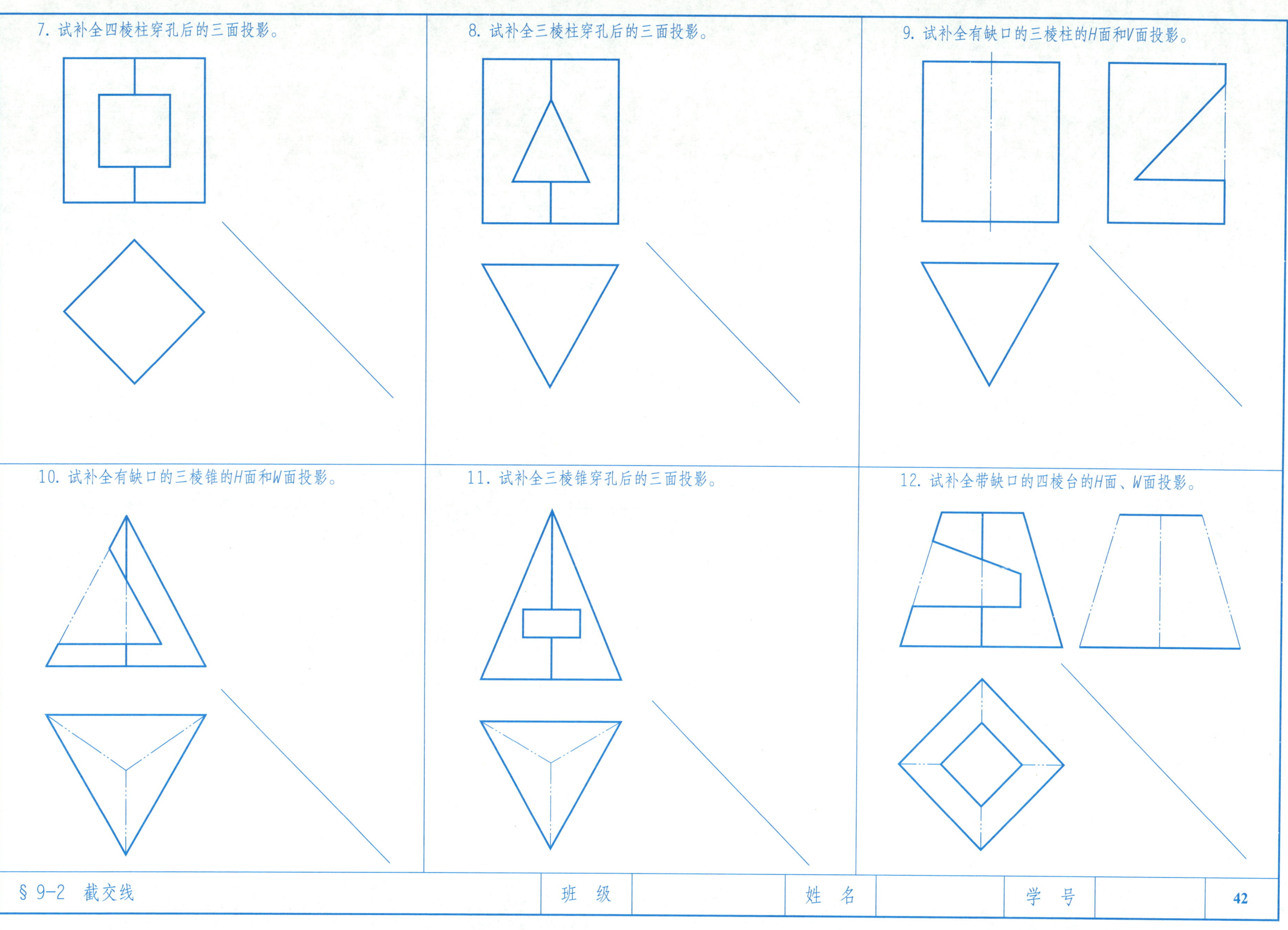
7. 试补全四棱柱穿孔后的三面投影。
8. 试补全三棱柱穿孔后的三面投影。
9. 试补全有缺口的三棱柱的H面和V面投影。
10. 试补全有缺口的三棱锥的H面和W面投影。
11. 试补全三棱锥穿孔后的三面投影。
12. 试补全带缺口的四棱台的H面、W面投影。
§ 9-2 截交线
班 级
姓 名
学 号
42

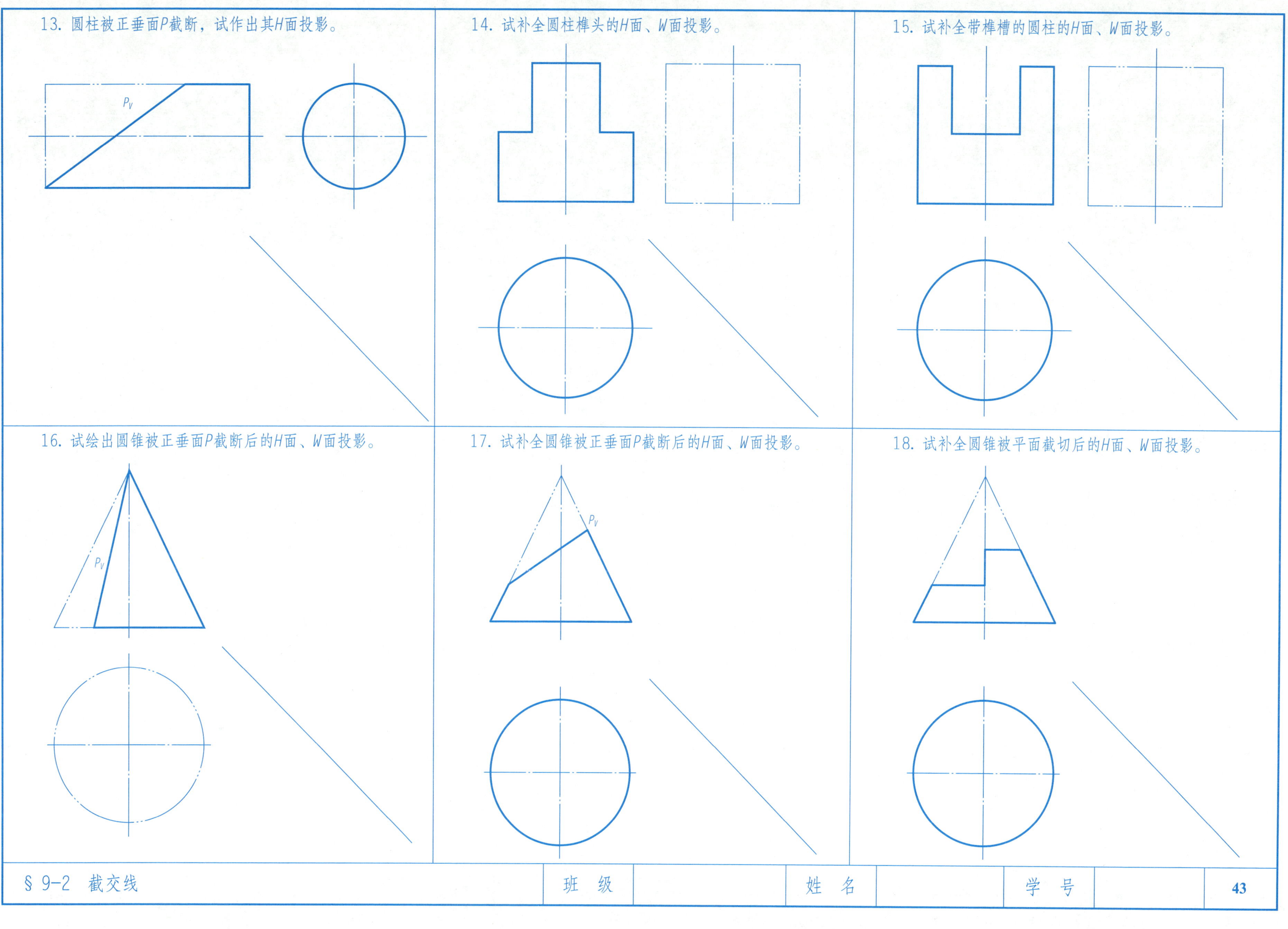
13. 圆柱被正垂面P截断，试作出其H面投影。
P_V
14. 试补全圆柱榫头的H面、W面投影。
15. 试补全带榫槽的圆柱的H面、W面投影。
16. 试绘出圆锥被正垂面P截断后的H面、W面投影。
P_V
17. 试补全圆锥被正垂面P截断后的H面、W面投影。
P_V
18. 试补全圆锥被平面截切后的H面、W面投影。

19. 求作出圆柱榫头的W面投影。

20. 已知带通孔的圆柱的V面投影，试补全其H面、W面投影。

21. 试补全圆柱截切后的H面、W面投影。

22. 试补全圆锥被正平面R截切后的H面、W面投影。

23. 已知带通孔的圆锥的V面投影，试补全其H面、W面投影。

24. 试补全圆锥被平面截切后的H面、W面投影。

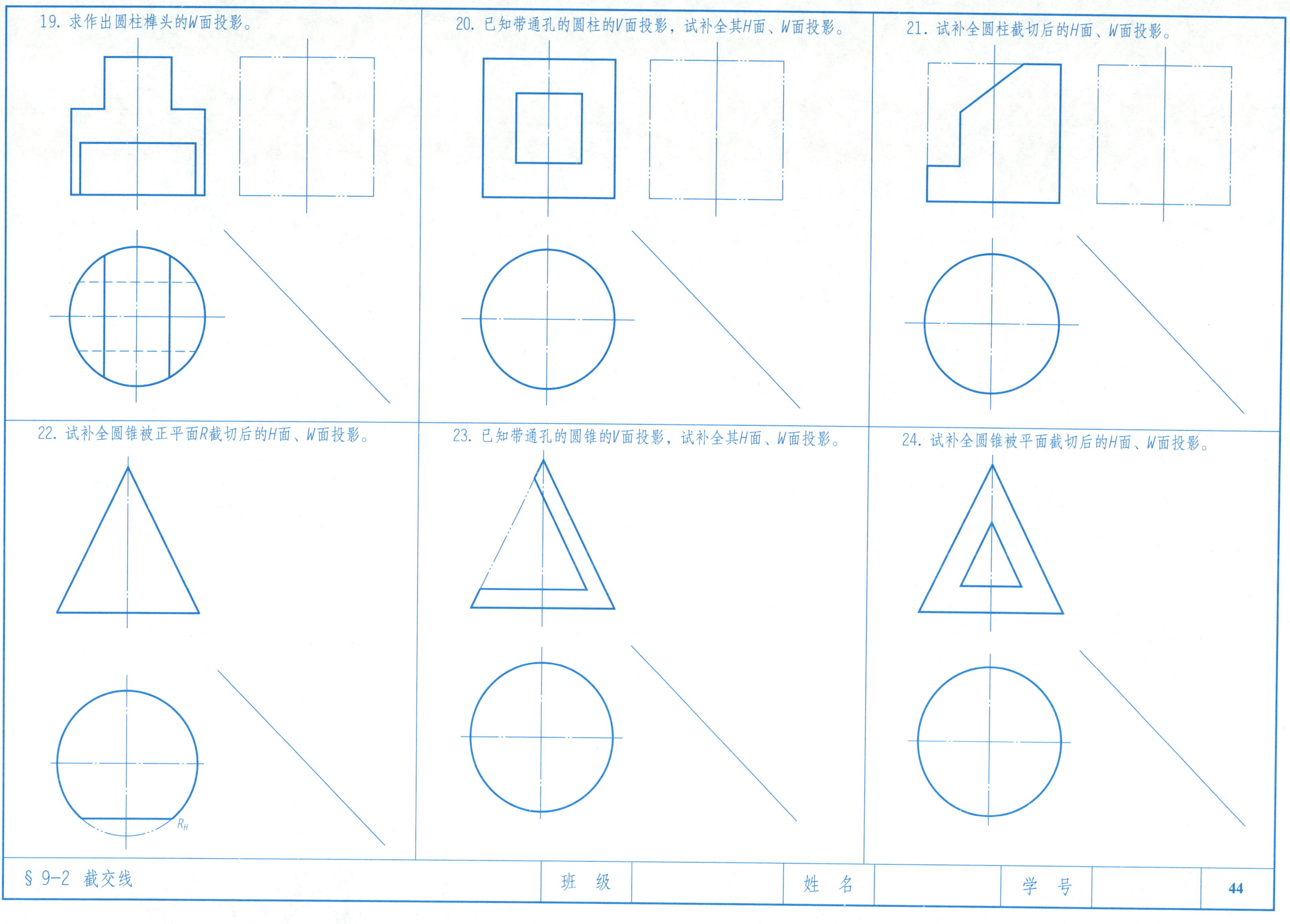

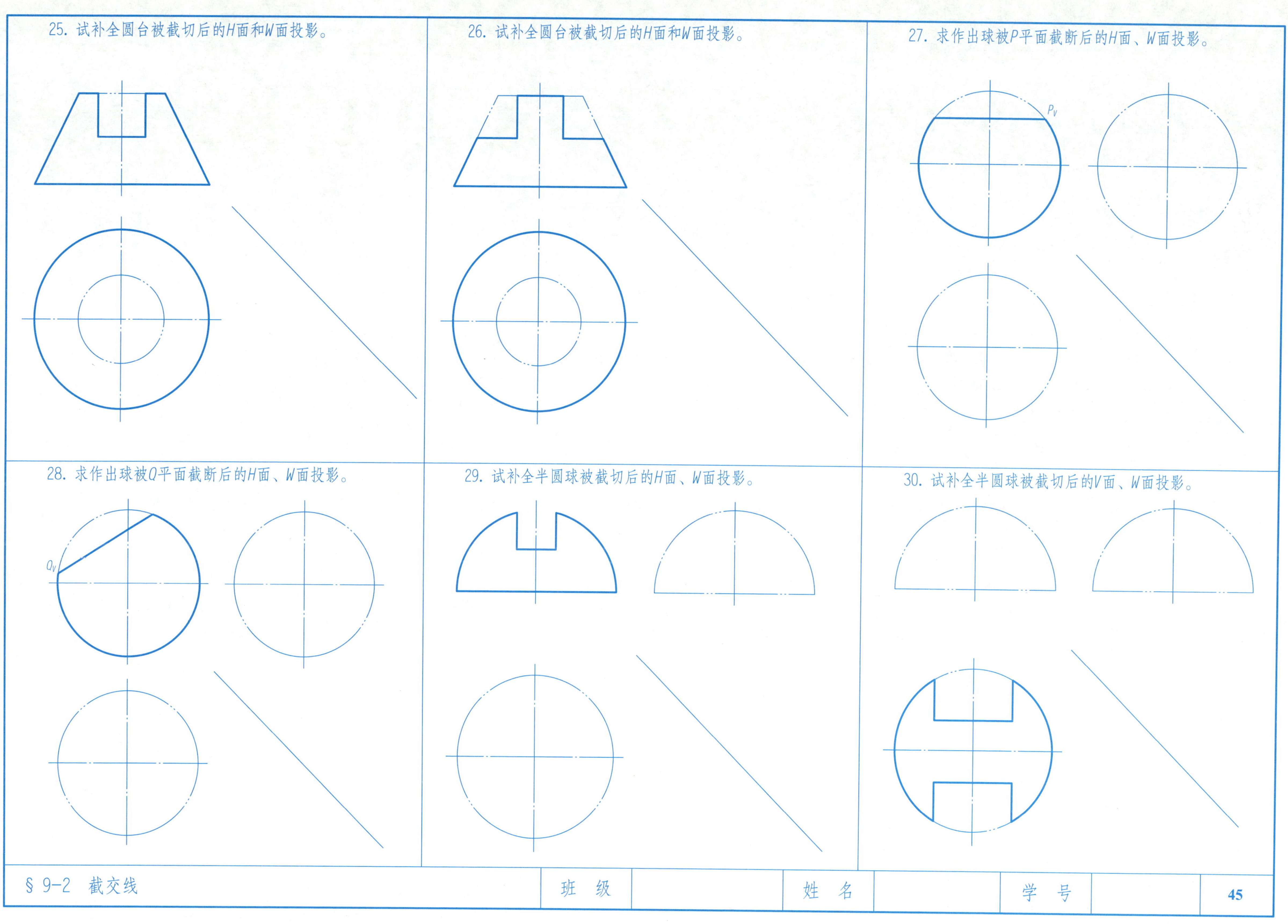
25. 试补全圆台被截切后的H面和W面投影。
26. 试补全圆台被截切后的H面和W面投影。
27. 求作出球被P平面截断后的H面、W面投影。
P_V
28. 求作出球被Q平面截断后的H面、W面投影。
Q_V
29. 试补全半圆球被截切后的H面、W面投影。
30. 试补全半圆球被截切后的V面、W面投影。
§ 9-2 截交线
班 级
姓 名
学 号
45

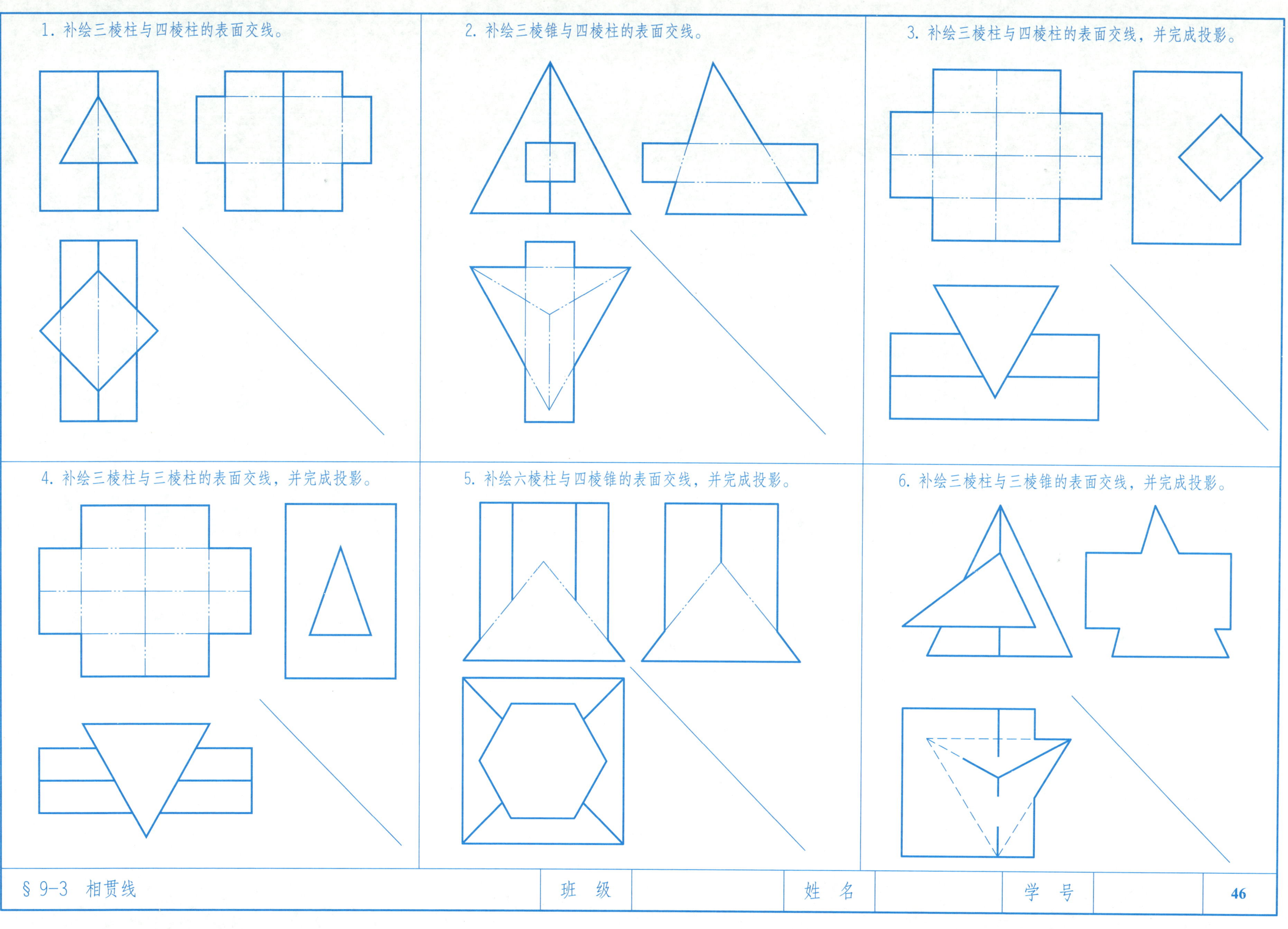
1. 补绘三棱柱与四棱柱的表面交线。
2. 补绘三棱锥与四棱柱的表面交线。
3. 补绘三棱柱与四棱柱的表面交线，并完成投影。
4. 补绘三棱柱与三棱柱的表面交线，并完成投影。
5. 补绘六棱柱与四棱锥的表面交线，并完成投影。
6. 补绘三棱柱与三棱锥的表面交线，并完成投影。

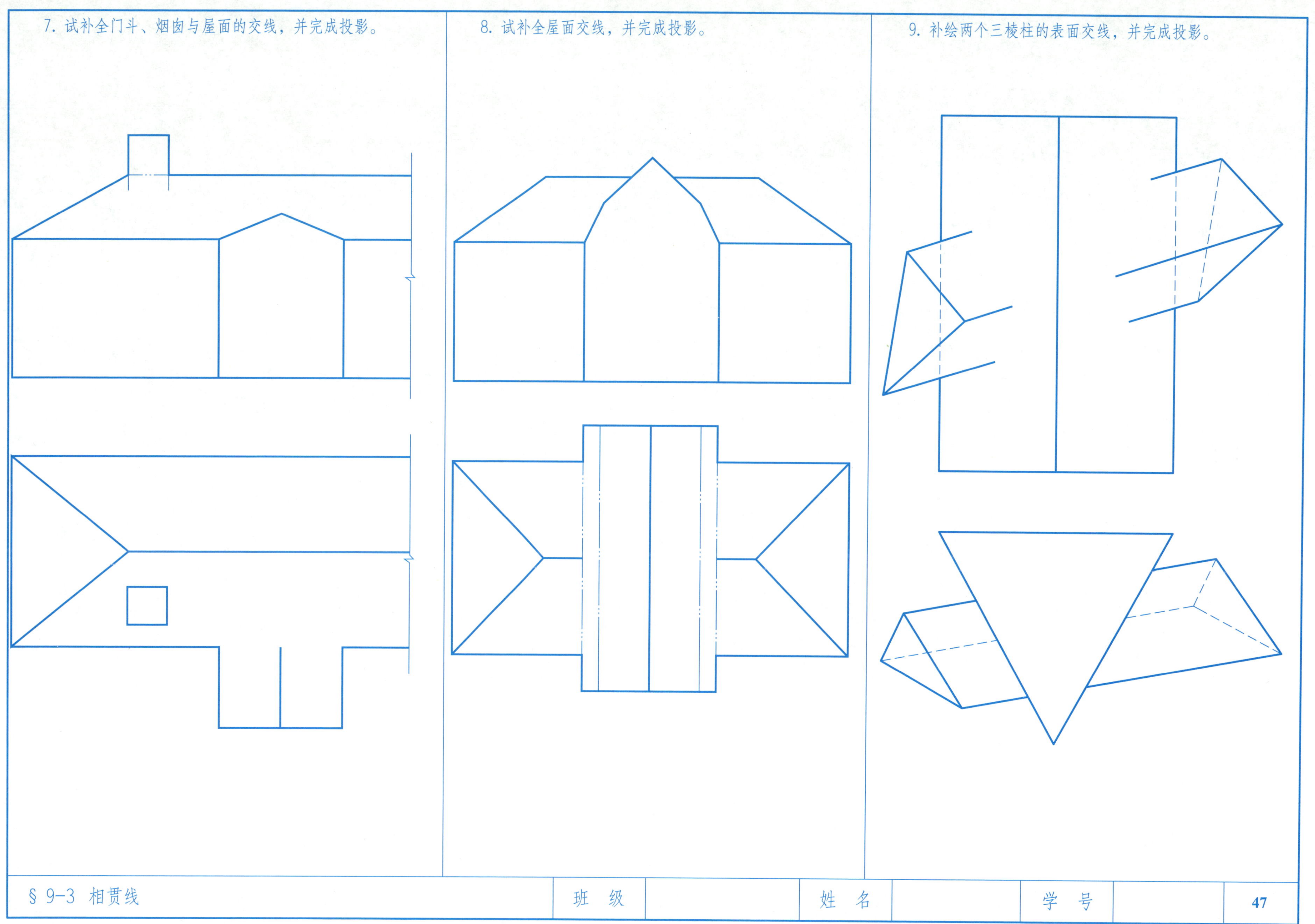
7. 试补全门斗、烟囱与屋面的交线，并完成投影。
8. 试补全屋面交线，并完成投影。
9. 补绘两个三棱柱的表面交线，并完成投影。

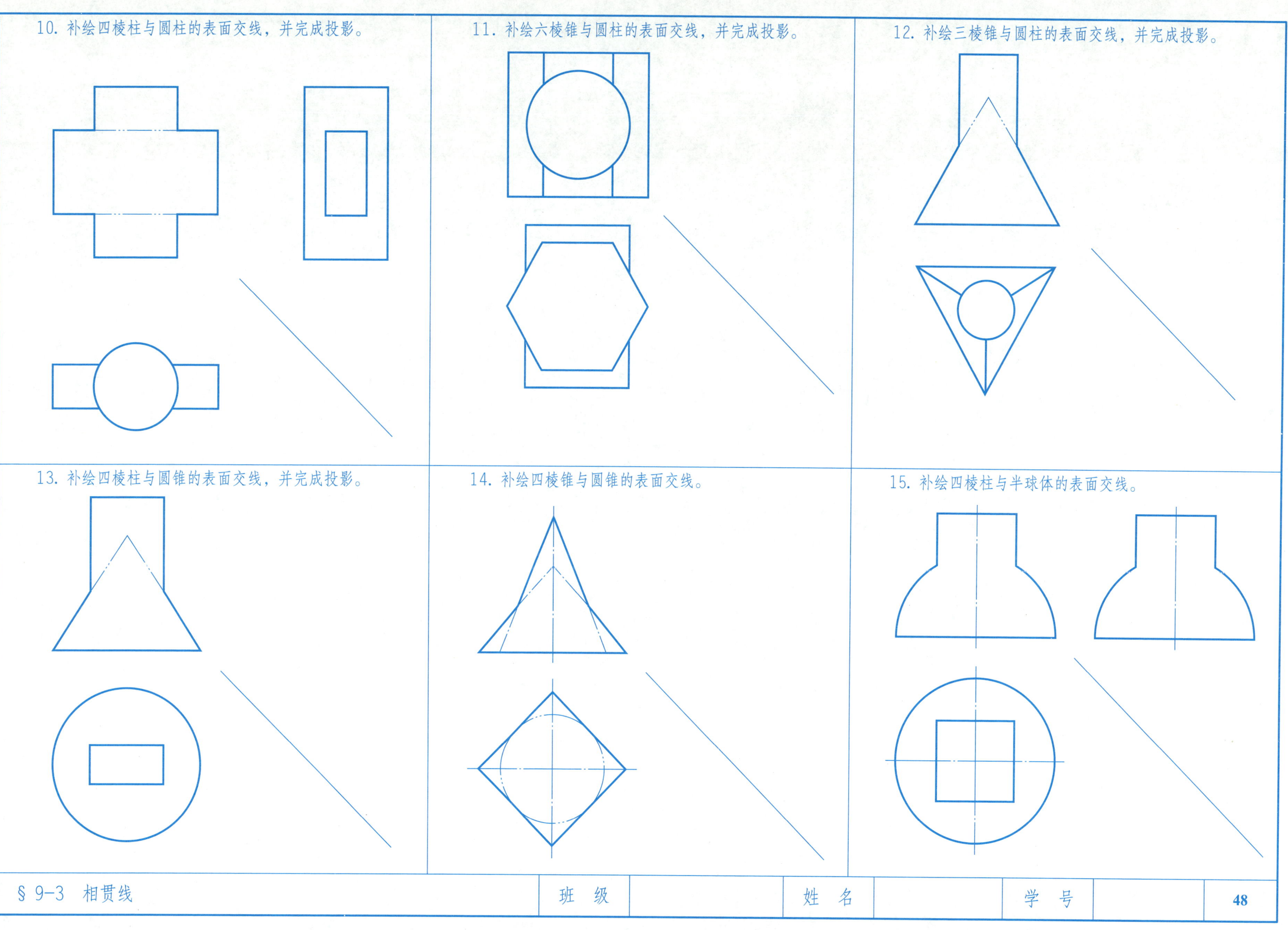
10. 补绘四棱柱与圆柱的表面交线，并完成投影。
11. 补绘六棱锥与圆柱的表面交线，并完成投影。
12. 补绘三棱锥与圆柱的表面交线，并完成投影。
13. 补绘四棱柱与圆锥的表面交线，并完成投影。
14. 补绘四棱锥与圆锥的表面交线。
15. 补绘四棱柱与半球体的表面交线。

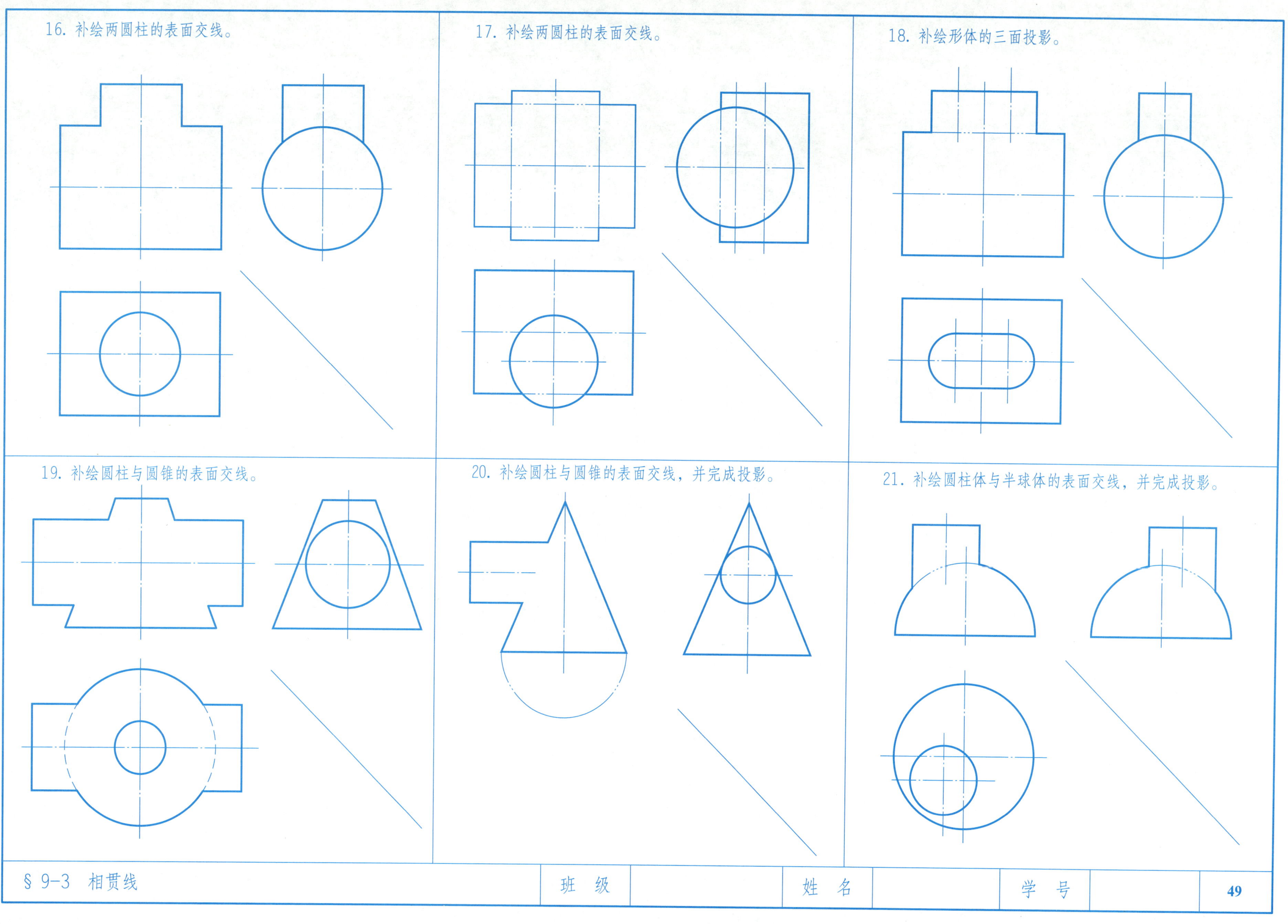
16. 补绘两圆柱的表面交线。
17. 补绘两圆柱的表面交线。
18. 补绘形体的三面投影。
19. 补绘圆柱与圆锥的表面交线。
20. 补绘圆柱与圆锥的表面交线，并完成投影。
21. 补绘圆柱体与半球体的表面交线，并完成投影。

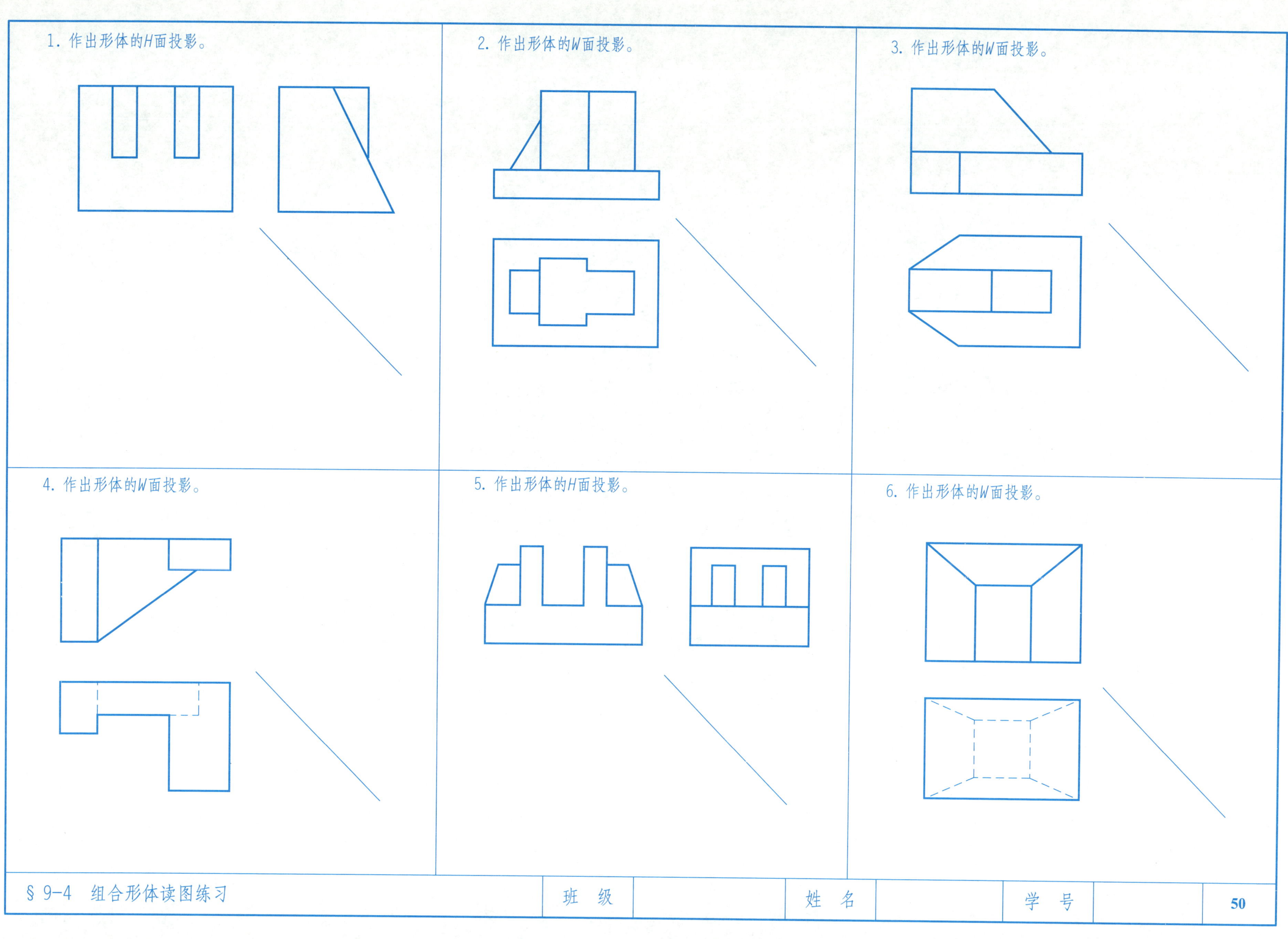
1. 作出形体的H面投影。
2. 作出形体的W面投影。
3. 作出形体的W面投影。
4. 作出形体的W面投影。
5. 作出形体的H面投影。
6. 作出形体的W面投影。
§ 9-4 组合形体读图练习
班 级
姓 名
学 号
50

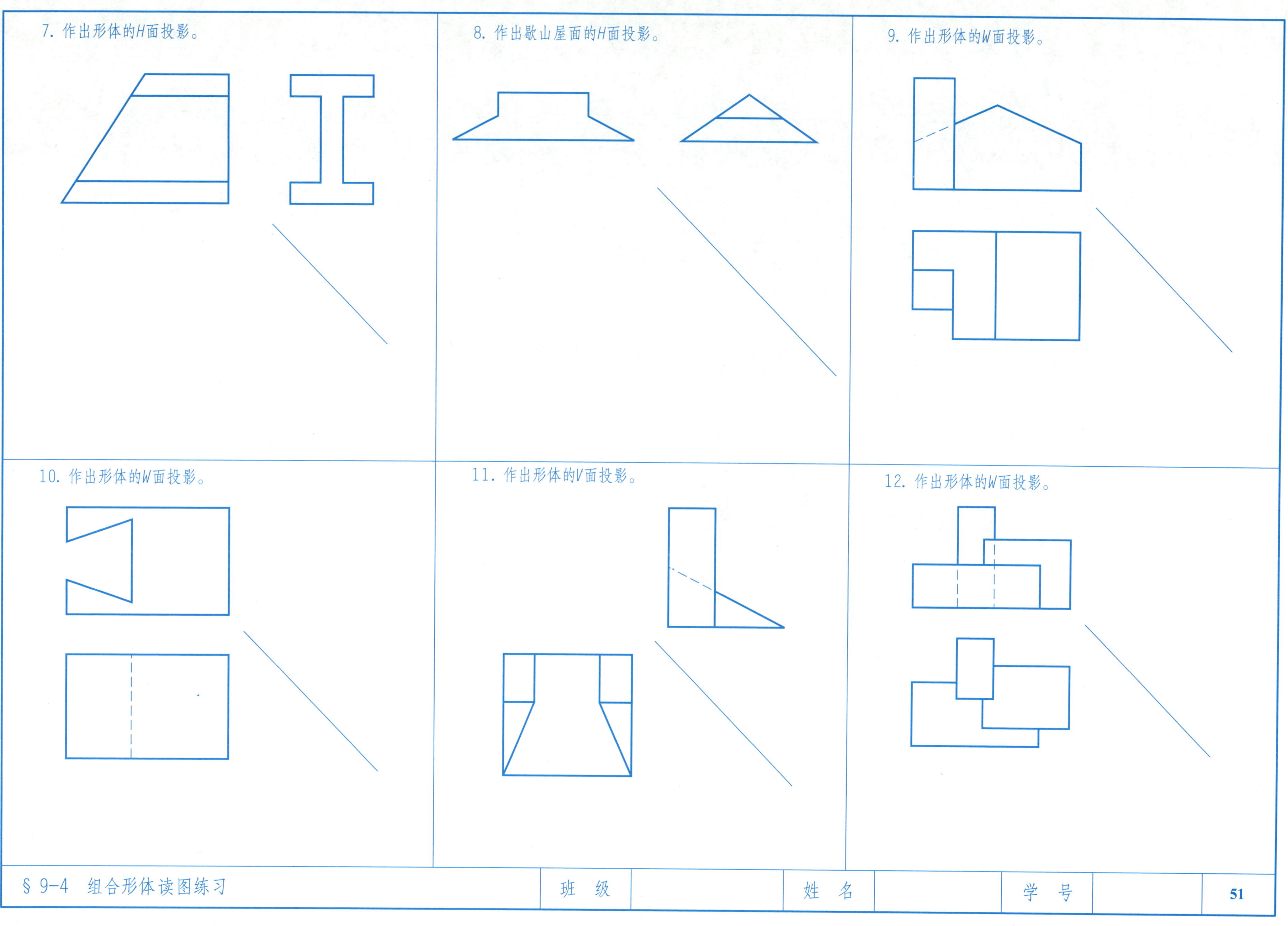
7. 作出形体的H面投影。
8. 作出歇山屋面的H面投影。
9. 作出形体的W面投影。
10. 作出形体的W面投影。
11. 作出形体的V面投影。
12. 作出形体的W面投影。

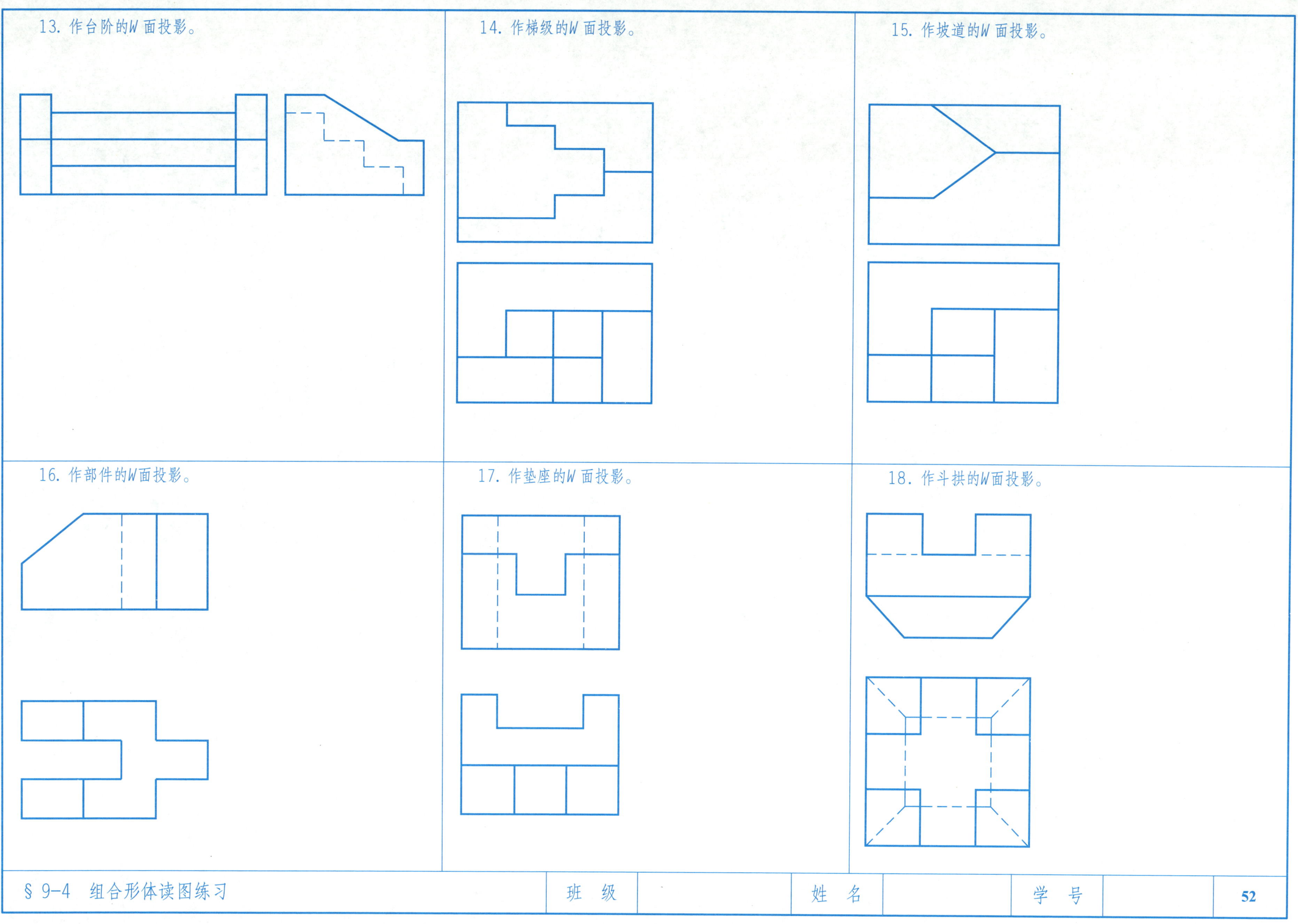
13. 作台阶的W面投影。
14. 作梯级的W面投影。
15. 作坡道的W面投影。
16. 作部件的W面投影。
17. 作垫座的W面投影。
18. 作斗拱的W面投影。

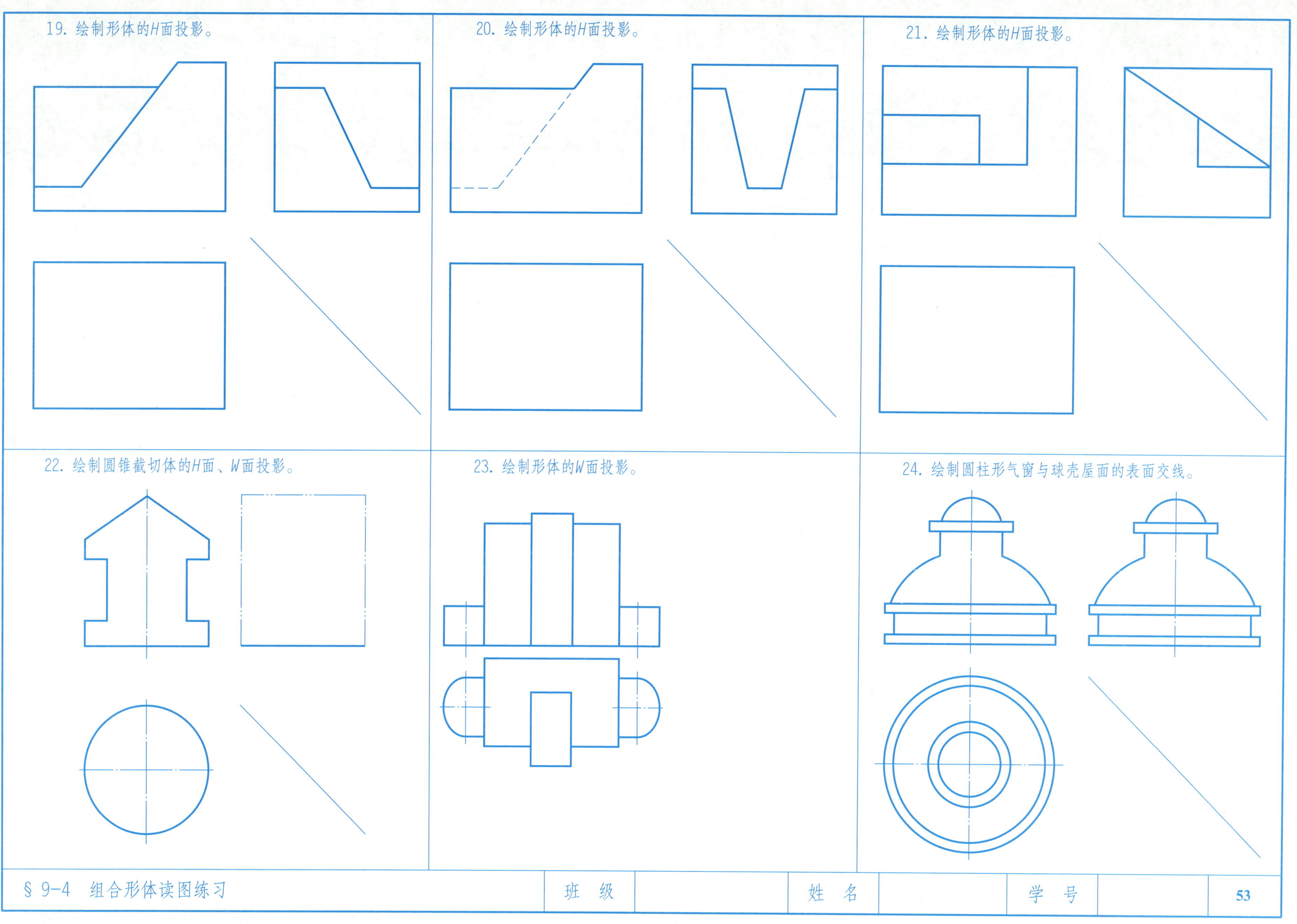
19. 绘制形体的H面投影。
20. 绘制形体的H面投影。
21. 绘制形体的H面投影。
22. 绘制圆锥截切体的H面、W面投影。
23. 绘制形体的W面投影。
24. 绘制圆柱形气窗与球壳屋面的表面交线。

由轴测图画三视图

一、图名

工程形体的三视图。

二、目的

1. 熟悉正投影法原理，掌握用视图表达形体的画法。

2. 掌握形体的尺寸标注。

三、图纸

A3幅面图纸，铅笔加深。

四、内容

用适当的比例在两张A3幅面的绘图纸上分别画出两个形体的三视图，并标注尺寸。

五、要求

1. 画底稿时，应使各个视图的位置恰当，并留有标注尺寸的位置。

2. 先画视图的底稿线，校对无误后再加深，最后标注尺寸。

3. 图线应符合线型规格。

4. 标注尺寸应符合尺寸标注的有关规定。

5. 标题栏和尺寸数字的字体，应按规定书写。

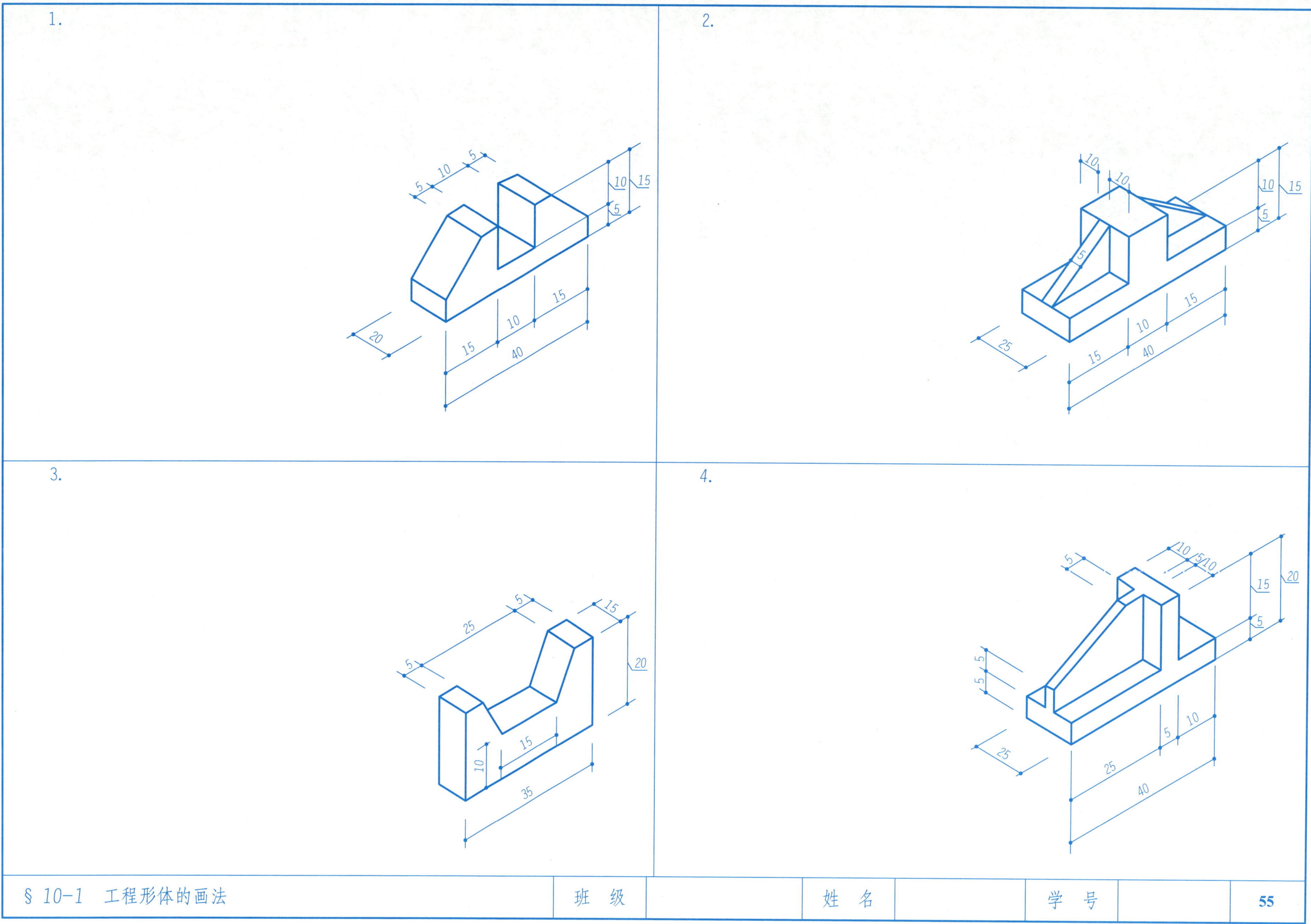
1.
2.
3.
4.

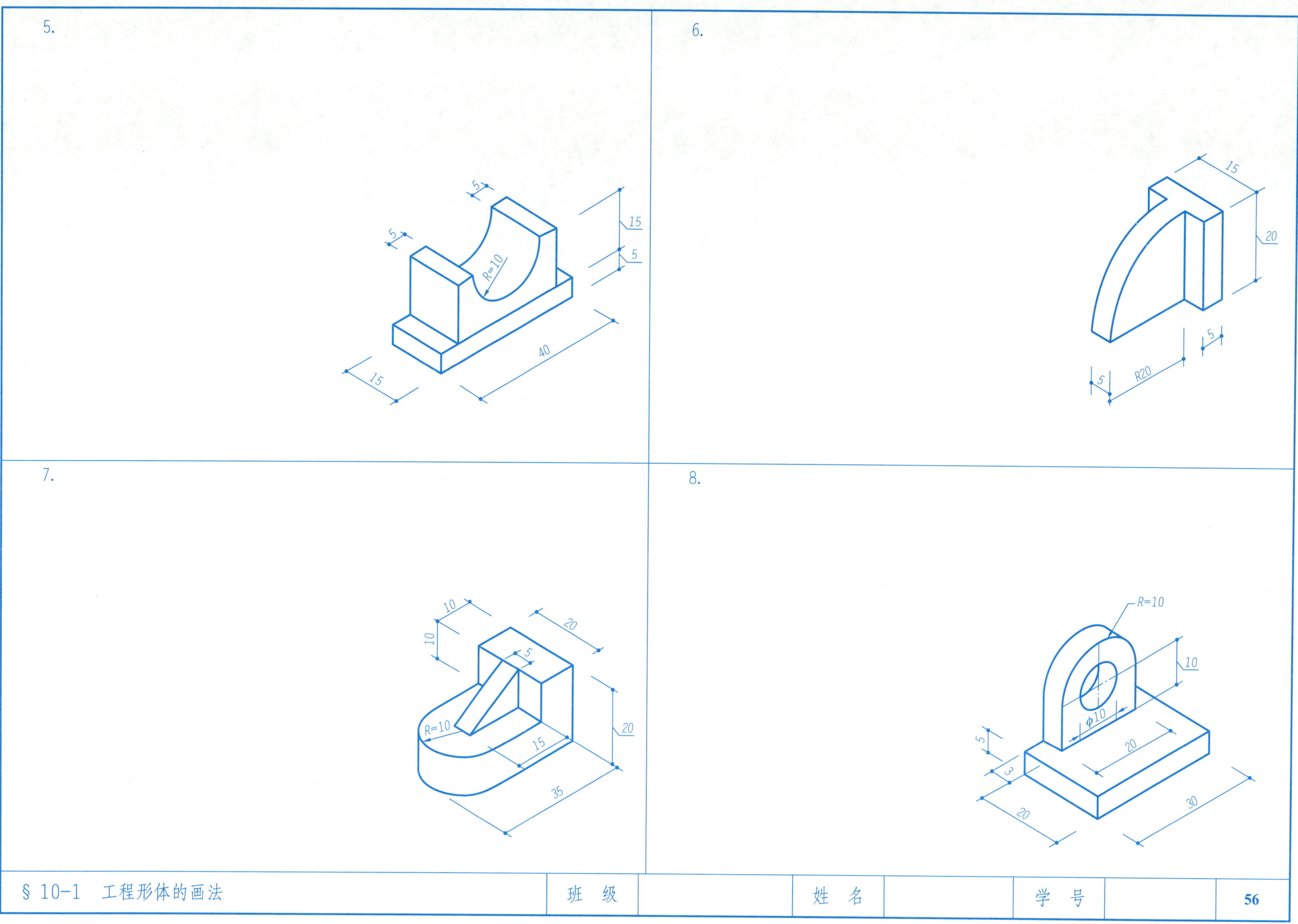
5.
5
5
15
5
R=10
15
40
6.
15
20
5
5
R20
7.
10
10
20
5
20
R=10
15
35
8.
R=10
10
φ10
5
3
20
20
30

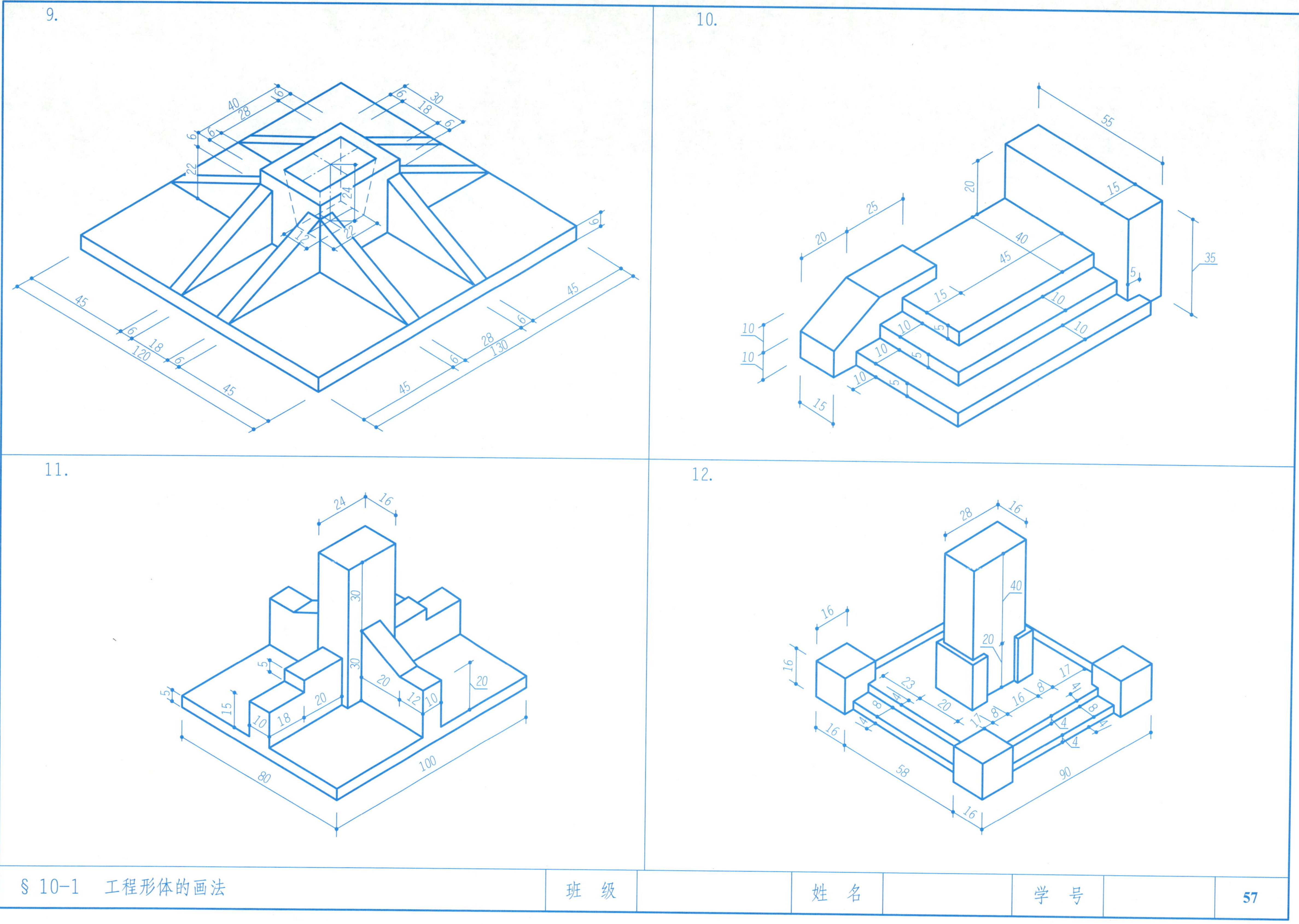

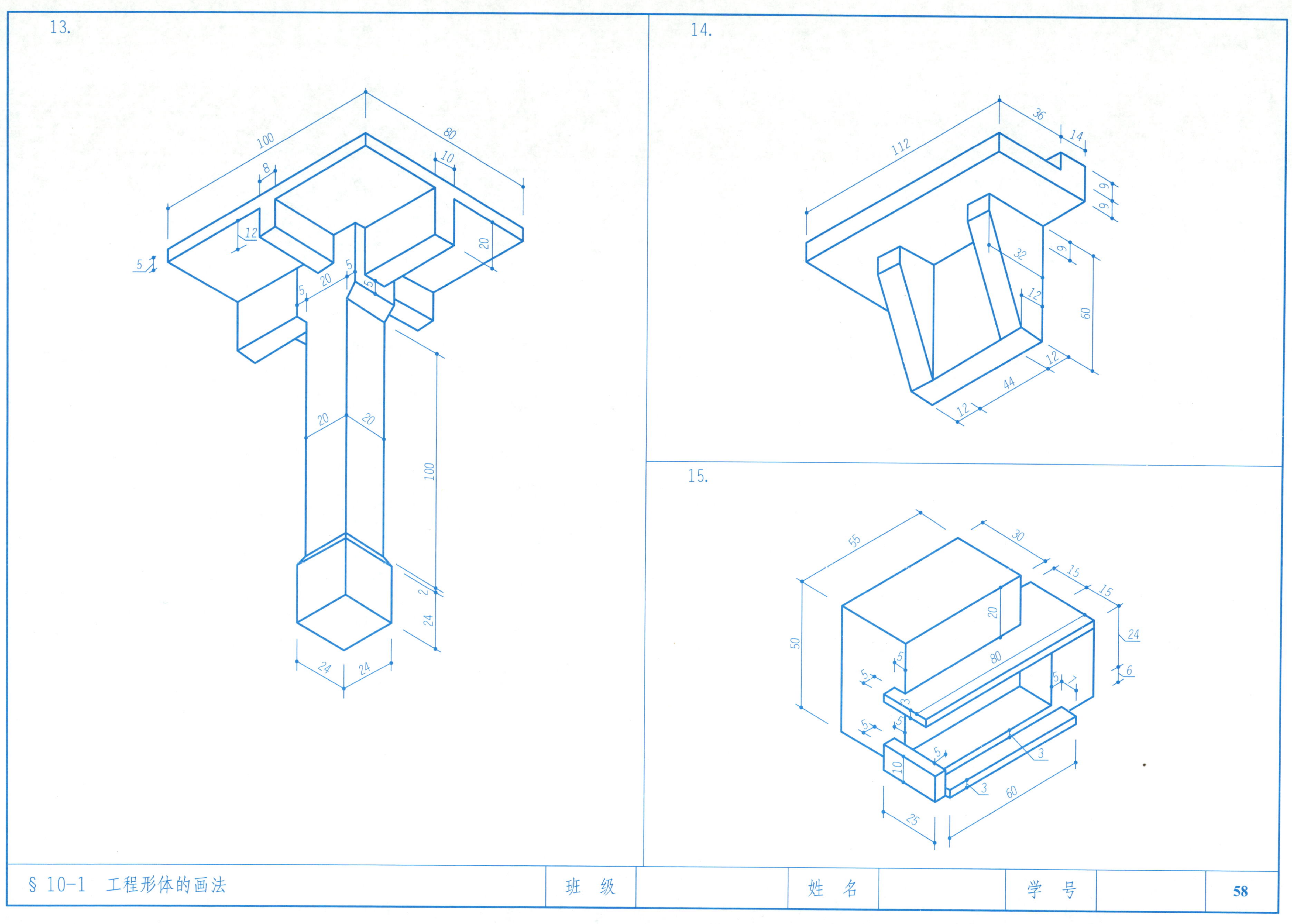
13.
100
80
8
10
12
5
20
5
20
5
5
20
20
100
2
24
24
24
14.
112
36
14
9
9
9
32
12
60
12
44
12
15.
55
30
15
15
20
80
50
24
6
5
5
3
5
7
5
5
5
10
3
3
60
25

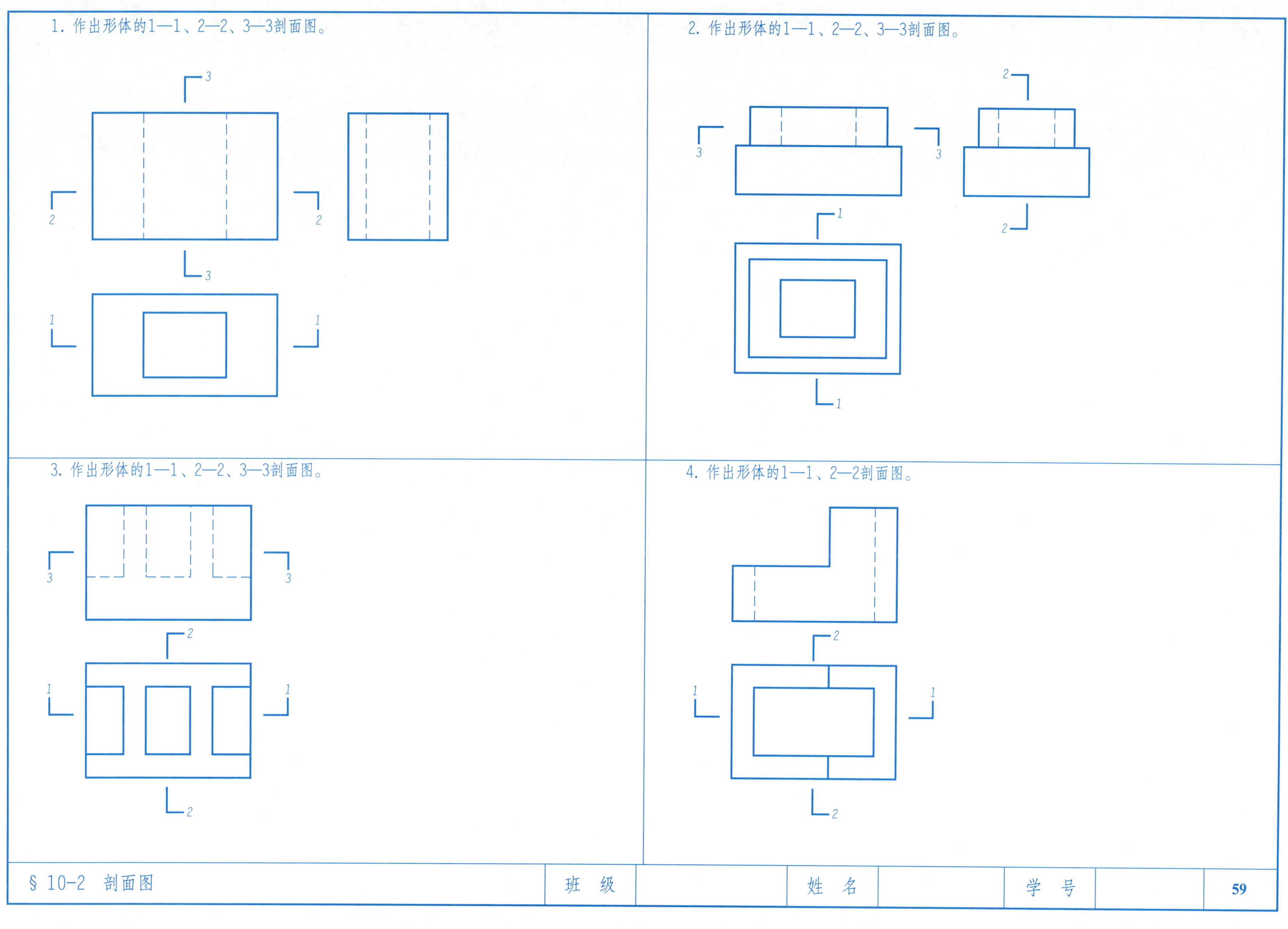
1. 作出形体的1—1、2—2、3—3剖面图。
2. 作出形体的1—1、2—2、3—3剖面图。
3. 作出形体的1—1、2—2、3—3剖面图。
4. 作出形体的1—1、2—2剖面图。

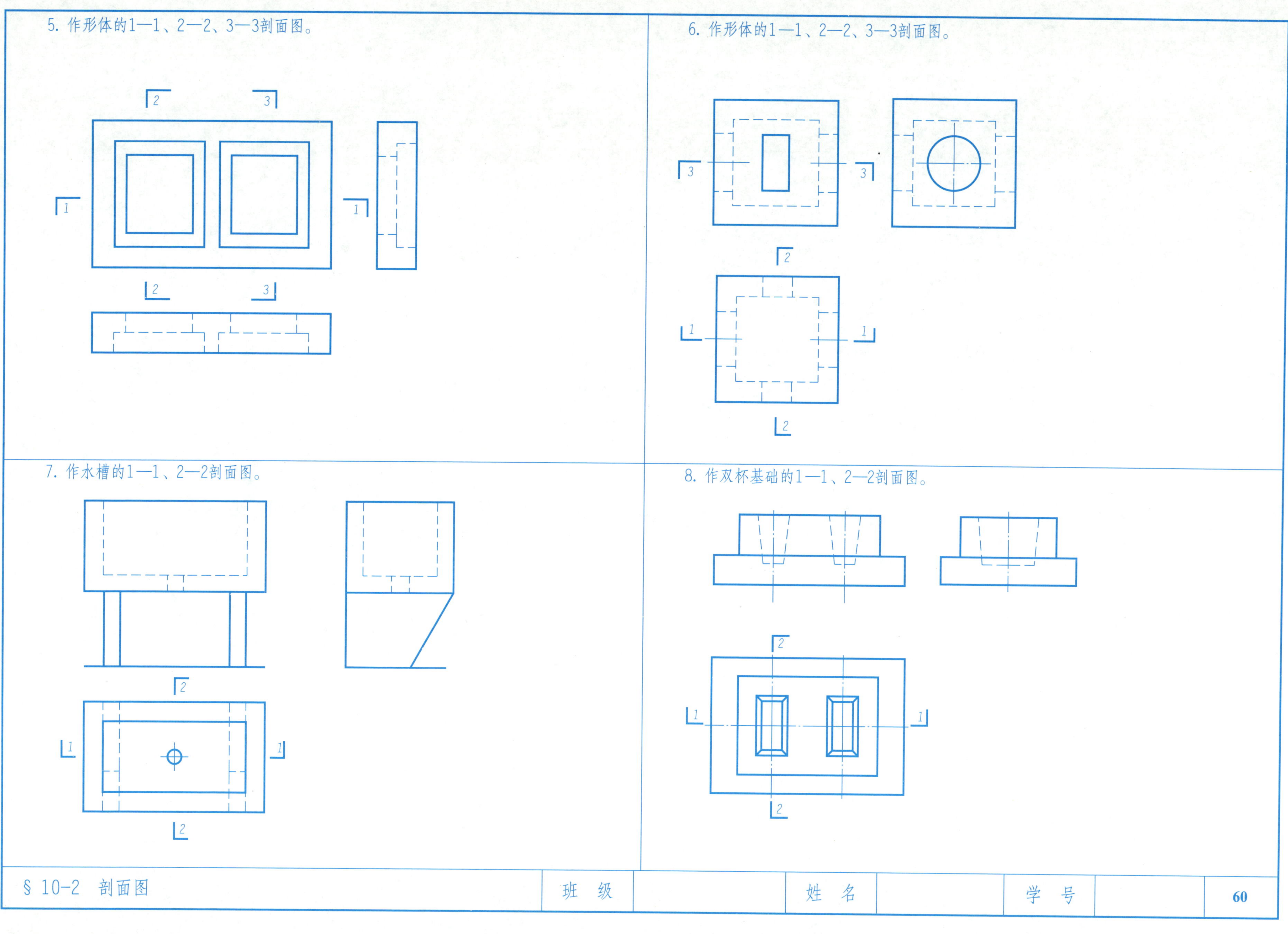
5. 作形体的1—1、2—2、3—3剖面图。
6. 作形体的1—1、2—2、3—3剖面图。
7. 作水槽的1—1、2—2剖面图。
8. 作双杯基础的1—1、2—2剖面图。

9. 补绘W面投影，并将V面、W面投影改为合适的半剖面。

10. 画出形体的水平半剖面图。

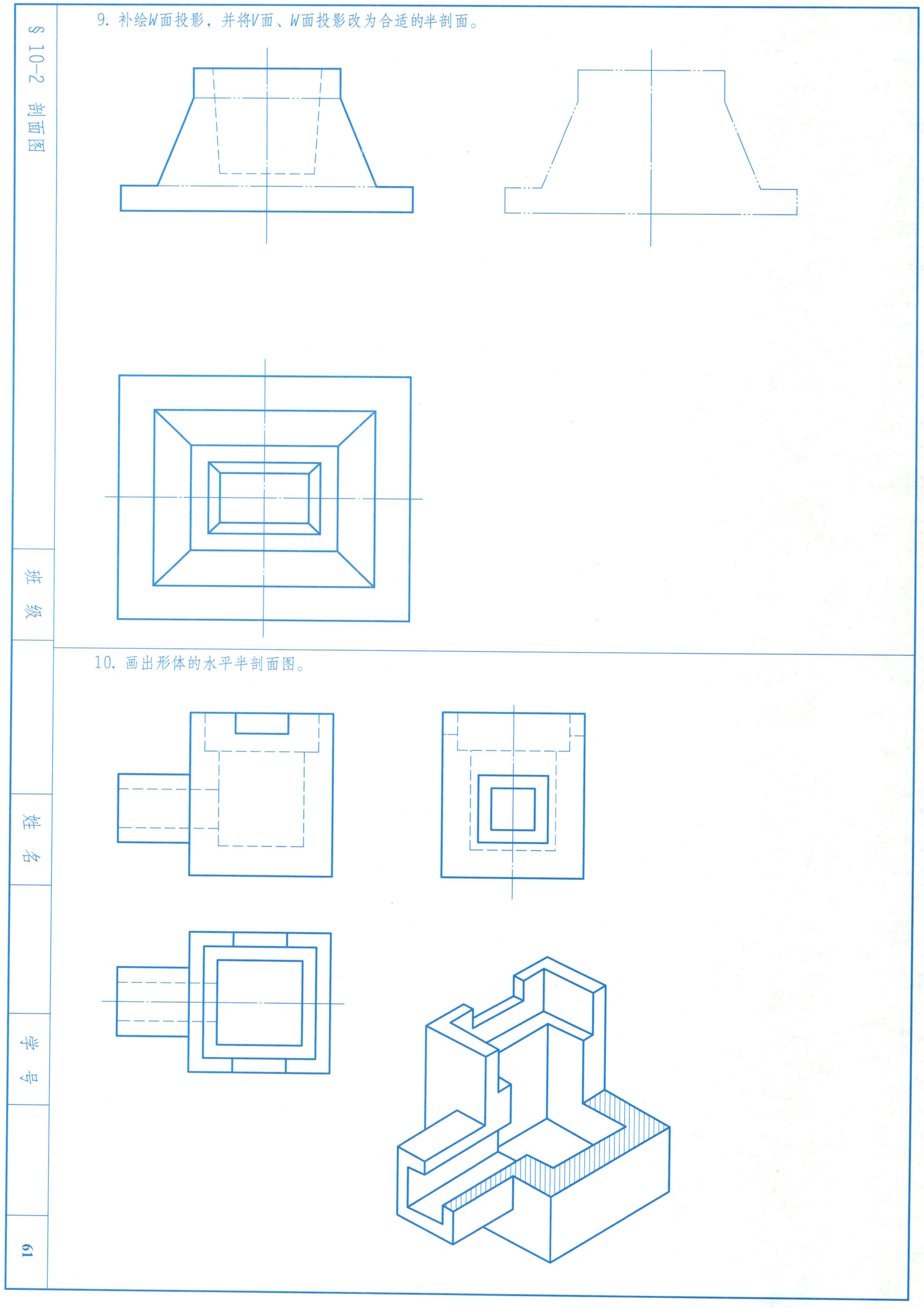

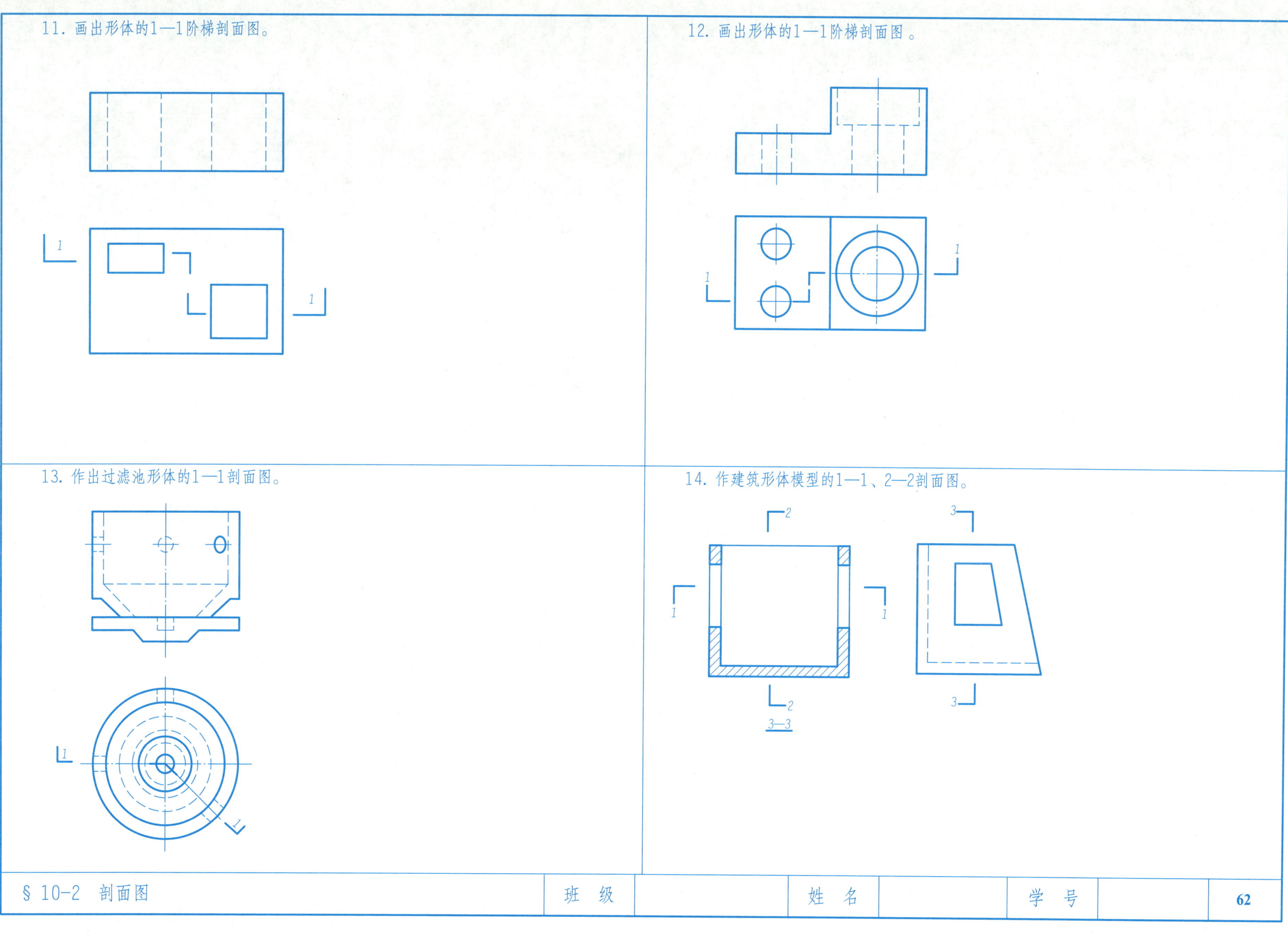
11. 画出形体的1—1阶梯剖面图。
12. 画出形体的1—1阶梯剖面图。
13. 作出过滤池形体的1—1剖面图。
14. 作建筑形体模型的1—1、2—2剖面图。
3—3

15. 绘出形体的1—1阶梯剖面图。

16. 作建筑形体模型的1—1、2—2剖面图。

17. 作门轴座的1—1、2—2剖面图。

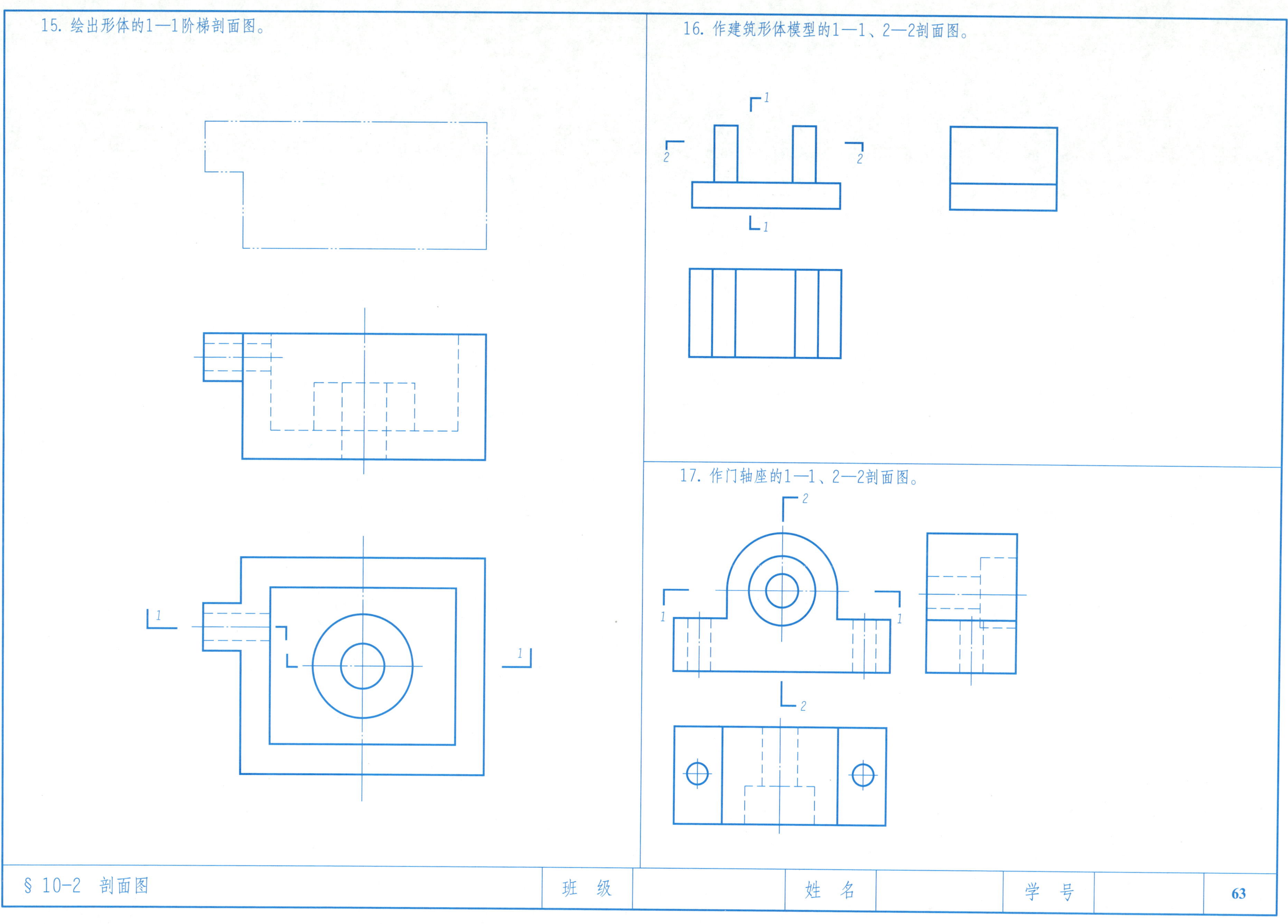

18. 将建筑形体的V面投影改为全剖面图，并绘出1—1剖面图。

19. 作房屋模型的1—1剖面图(材料图例不分类别，都画同方向、等间距的45° 细实线；门窗洞的高度都分别相同)。

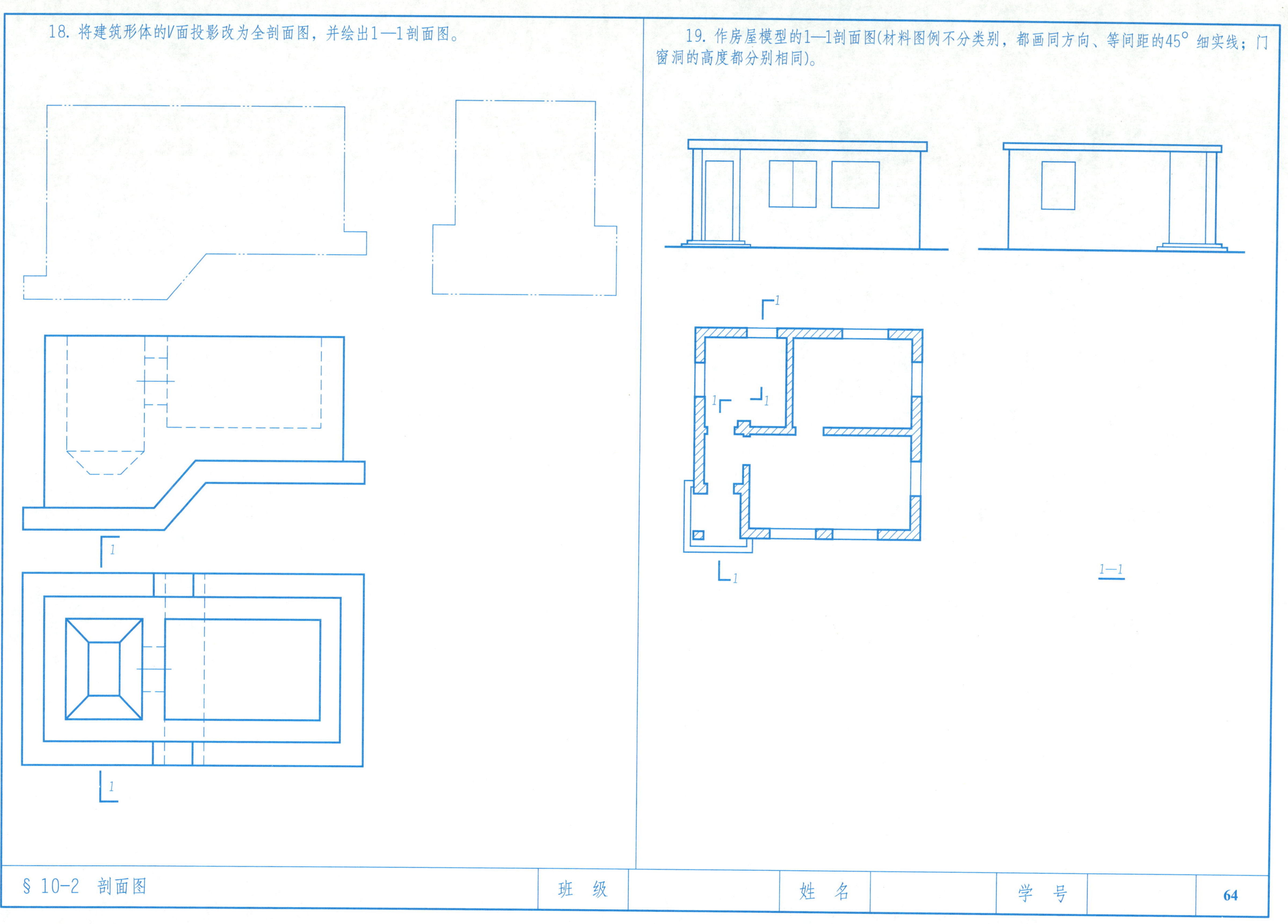

1. 作形体的1—1、2—2、3—3、4—4、5—5断面图。

2. 试补全形体的W面投影，作形体的1—1、2—2、4—4断面图，3—3、5—5剖面图。

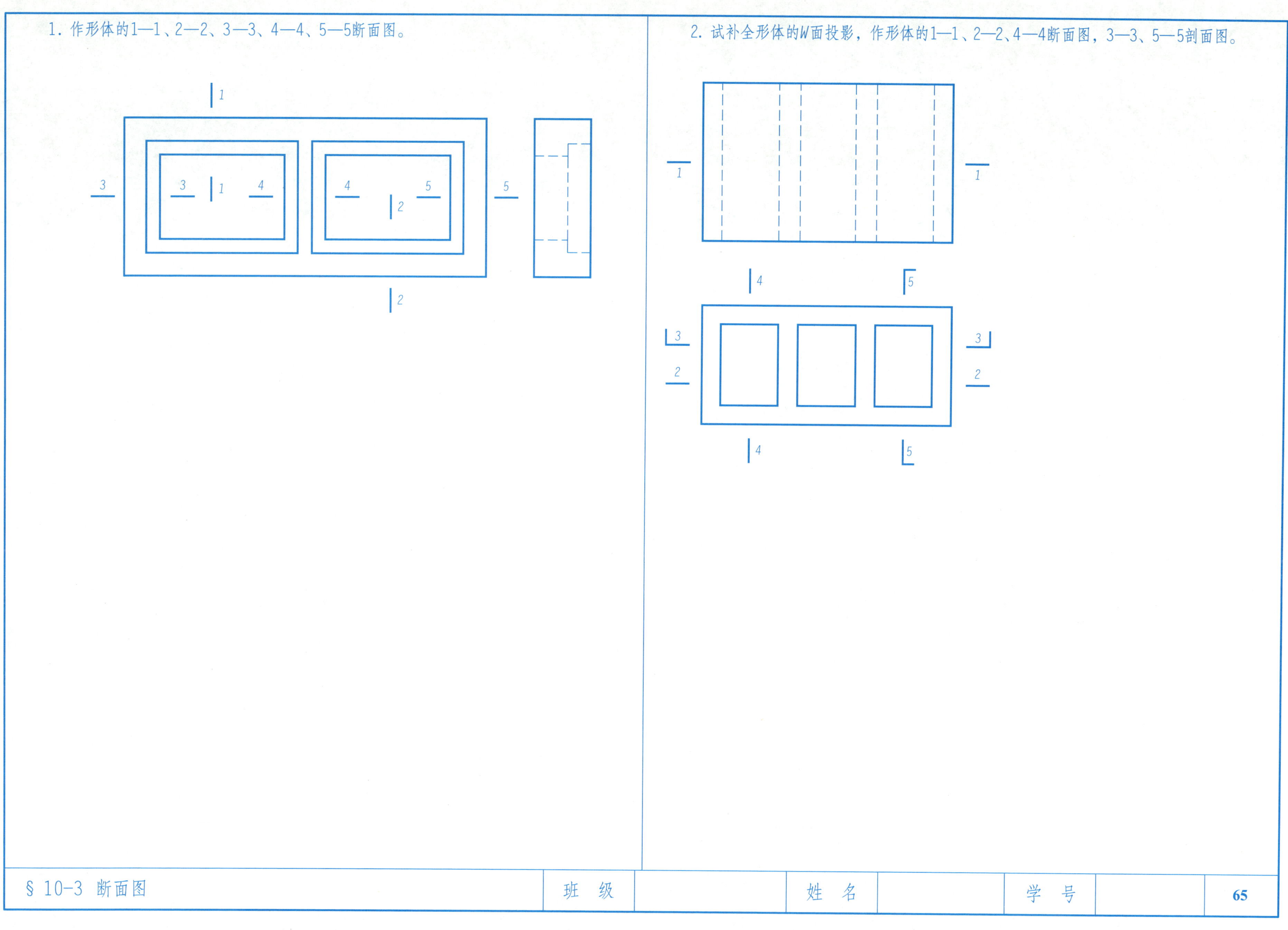

3. 作钢筋混凝土梁的1—1、2—2、3—3断面图。

4. 根据现浇板的正投影图和正等轴测图，在平面图上作出重合断面图。

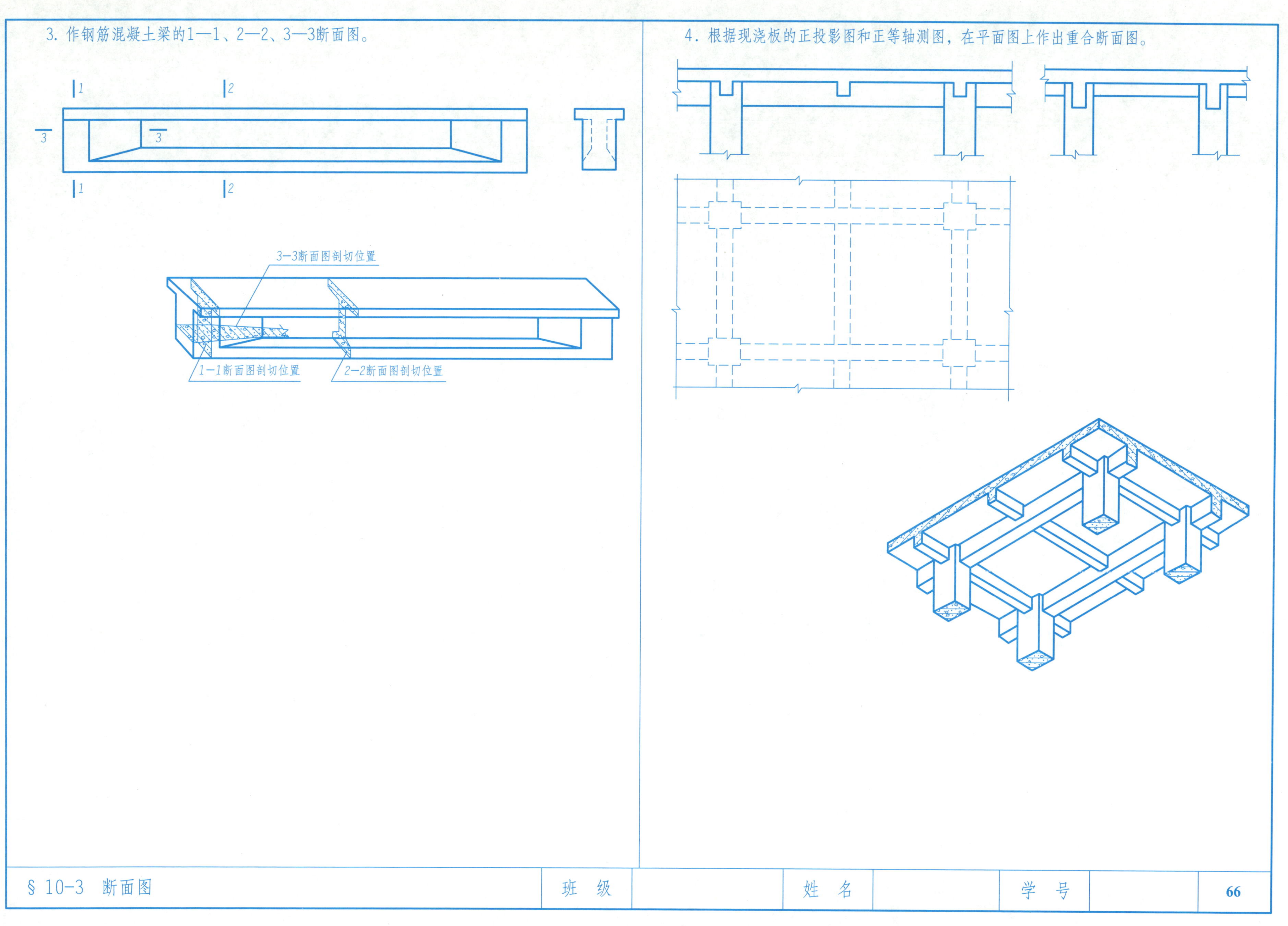

5. 作钢筋混凝土檩条的1—1、2—2剖面图，3—3、4—4、5—5断面图。

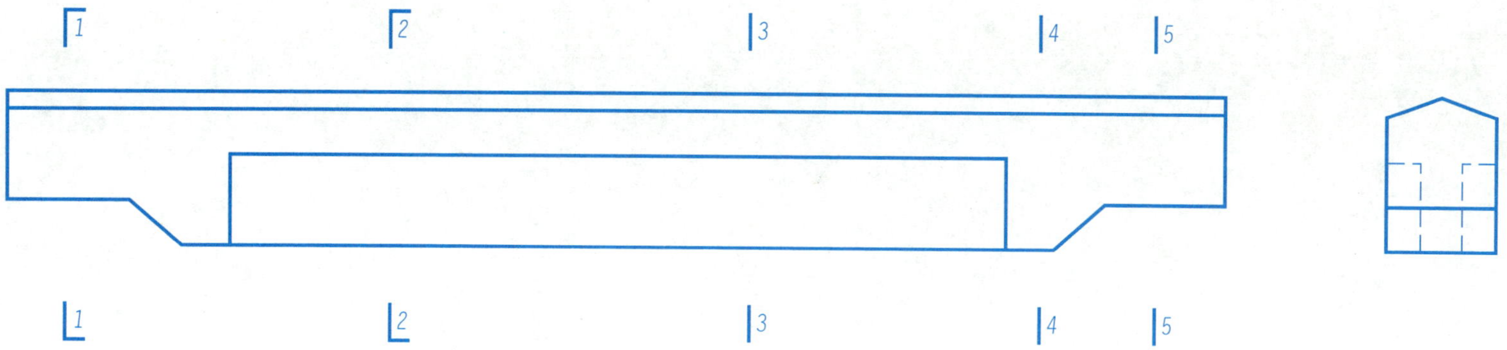

1 2 3 4 5

1 2 3 4 5

6. 作钢筋混凝土檩条的1—1、2—2、3—3剖面图，4—4、5—5断面图。

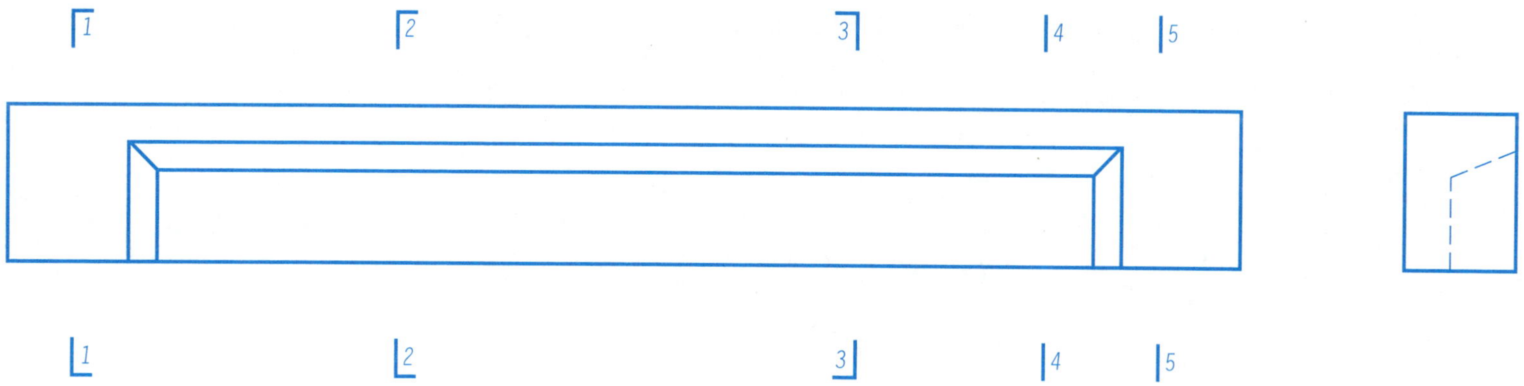

1 2 3 4 5

1 2 3 4 5

班 级		姓 名		学 号	

7. 作钢筋混凝土柱子的1—1、2—2、4—4、5—5断面图，3—3剖面图。

8. 作钢筋混凝土柱子的1—1、2—2断面图。

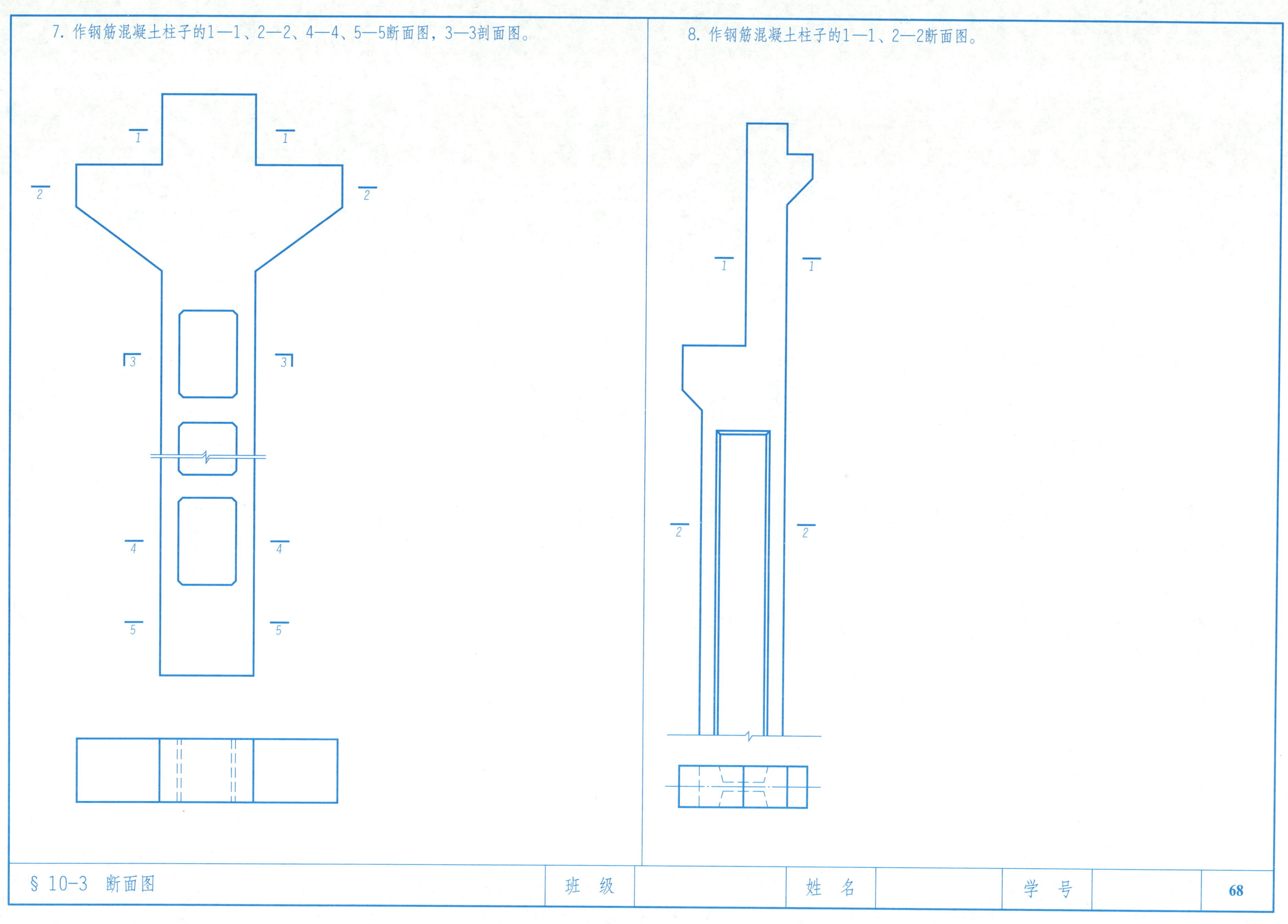

1. 作五棱柱的正等轴测图。

2. 作六棱柱截切体的正等轴测图。

3. 作四棱锥截切体的正等轴测图。

4. 作形体的正等轴测图。

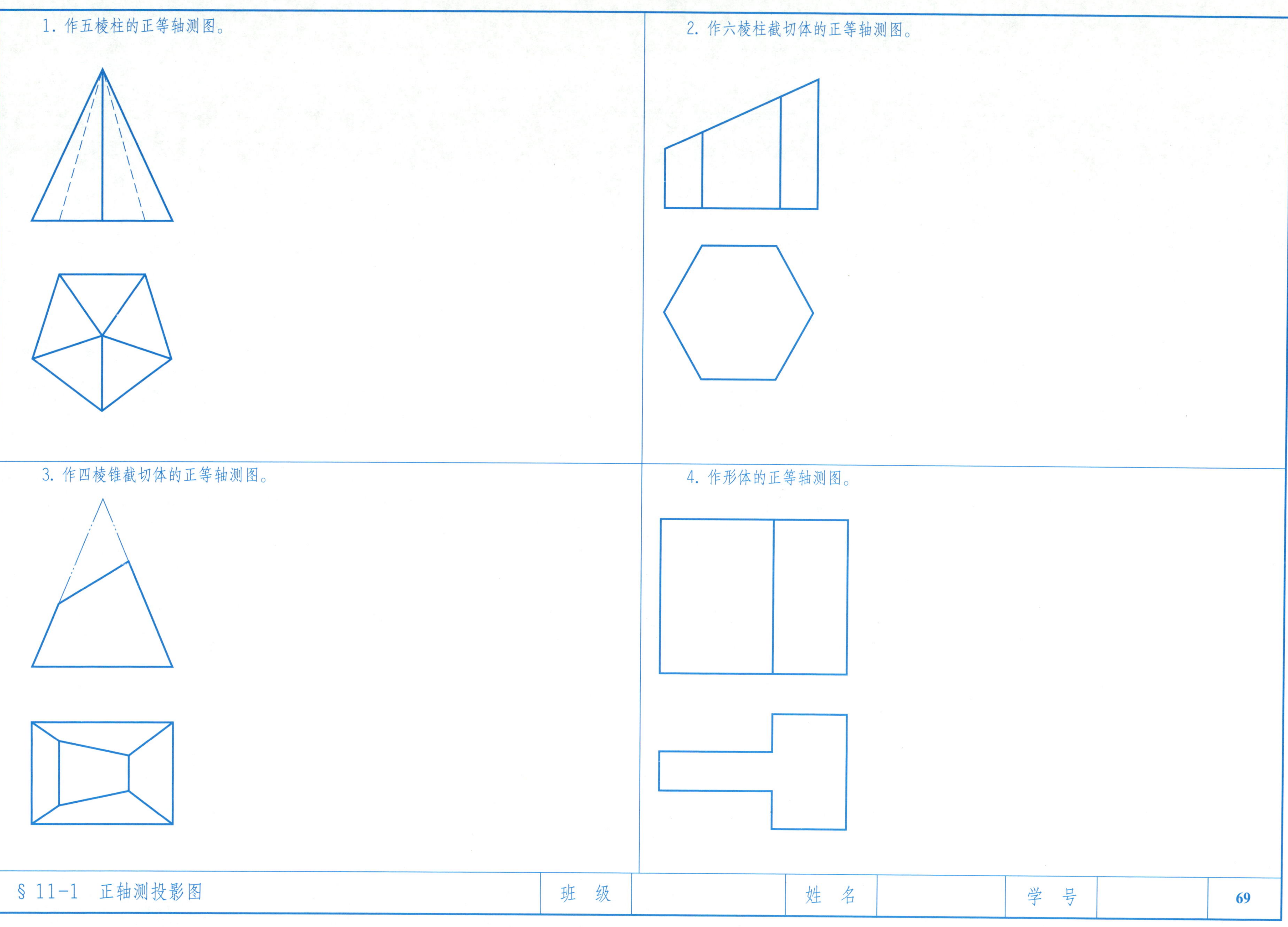

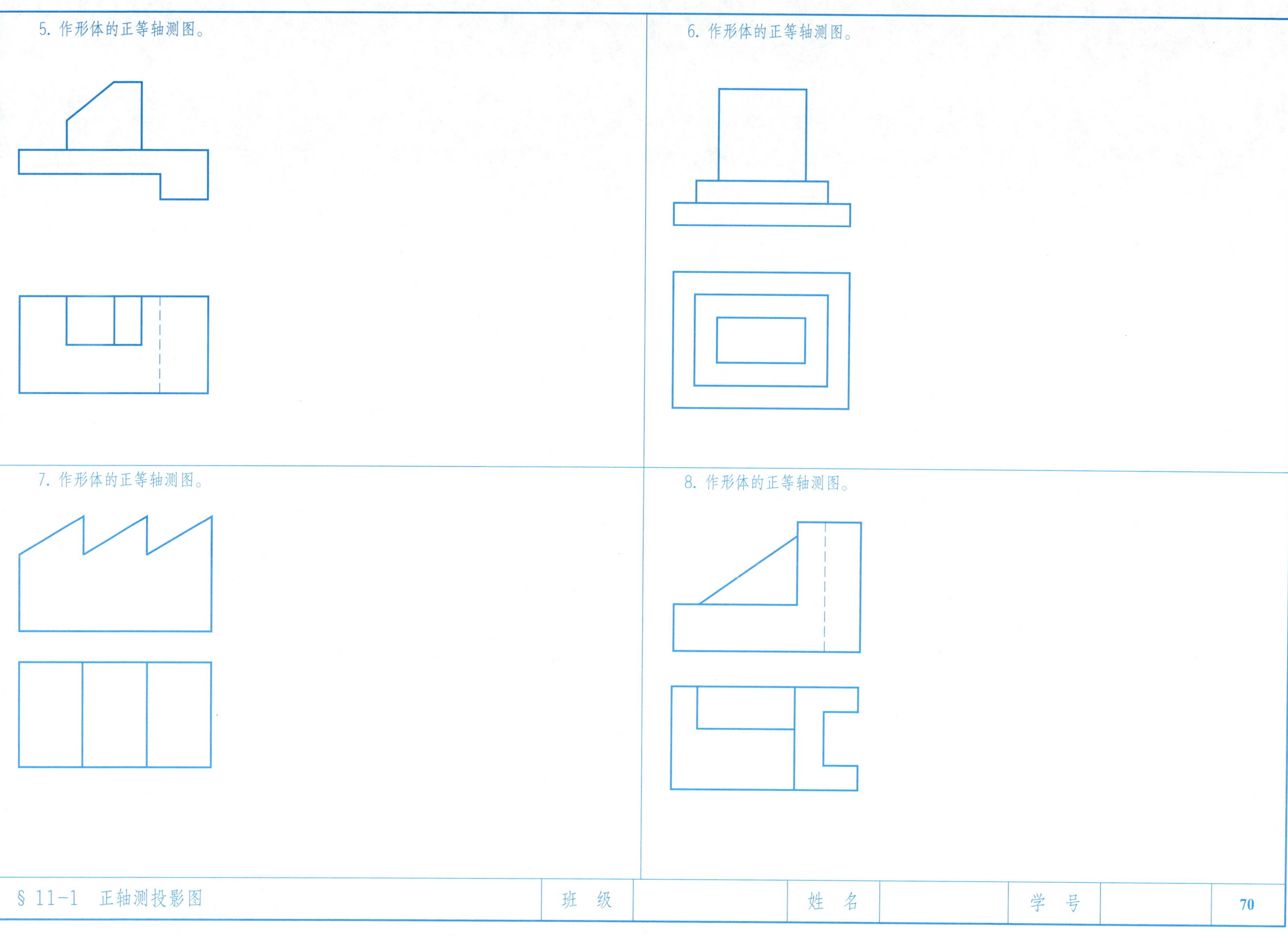
5. 作形体的正等轴测图。
6. 作形体的正等轴测图。
7. 作形体的正等轴测图。
8. 作形体的正等轴测图。

9. 补绘台阶的H面投影，并作正等轴测图。

10. 补绘梁板柱节点的W面投影，并作正等轴测图。

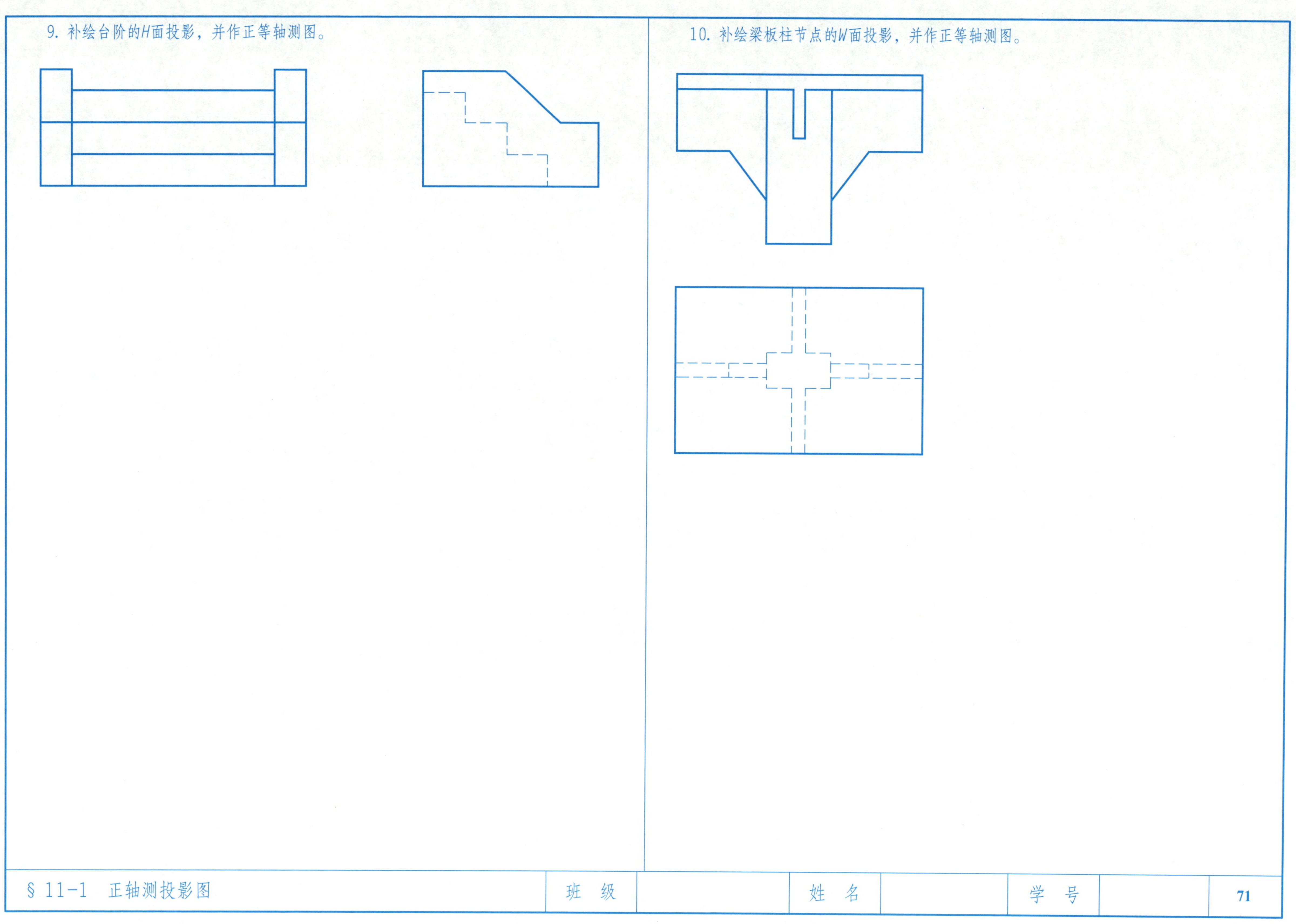

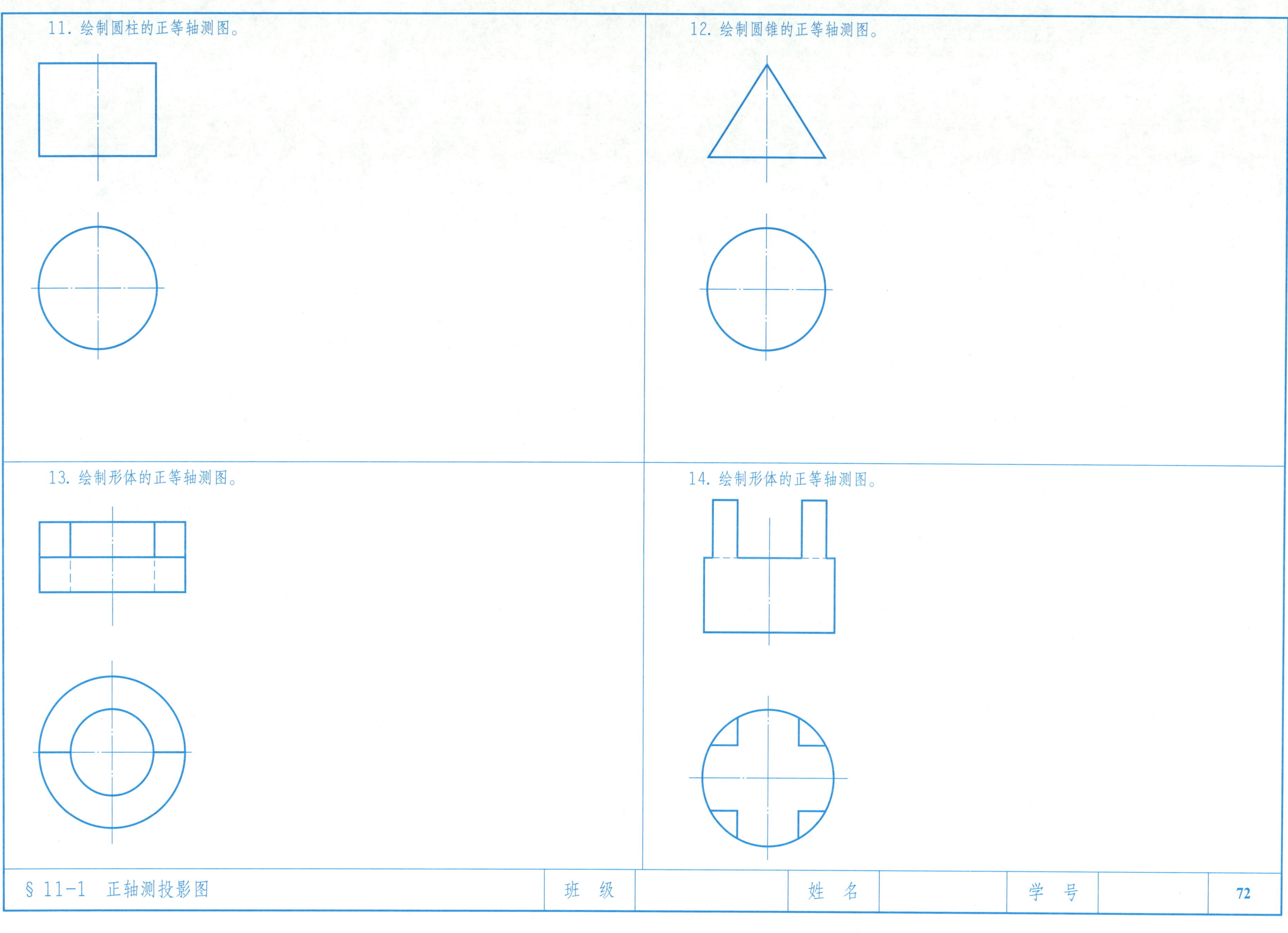
11. 绘制圆柱的正等轴测图。
12. 绘制圆锥的正等轴测图。
13. 绘制形体的正等轴测图。
14. 绘制形体的正等轴测图。

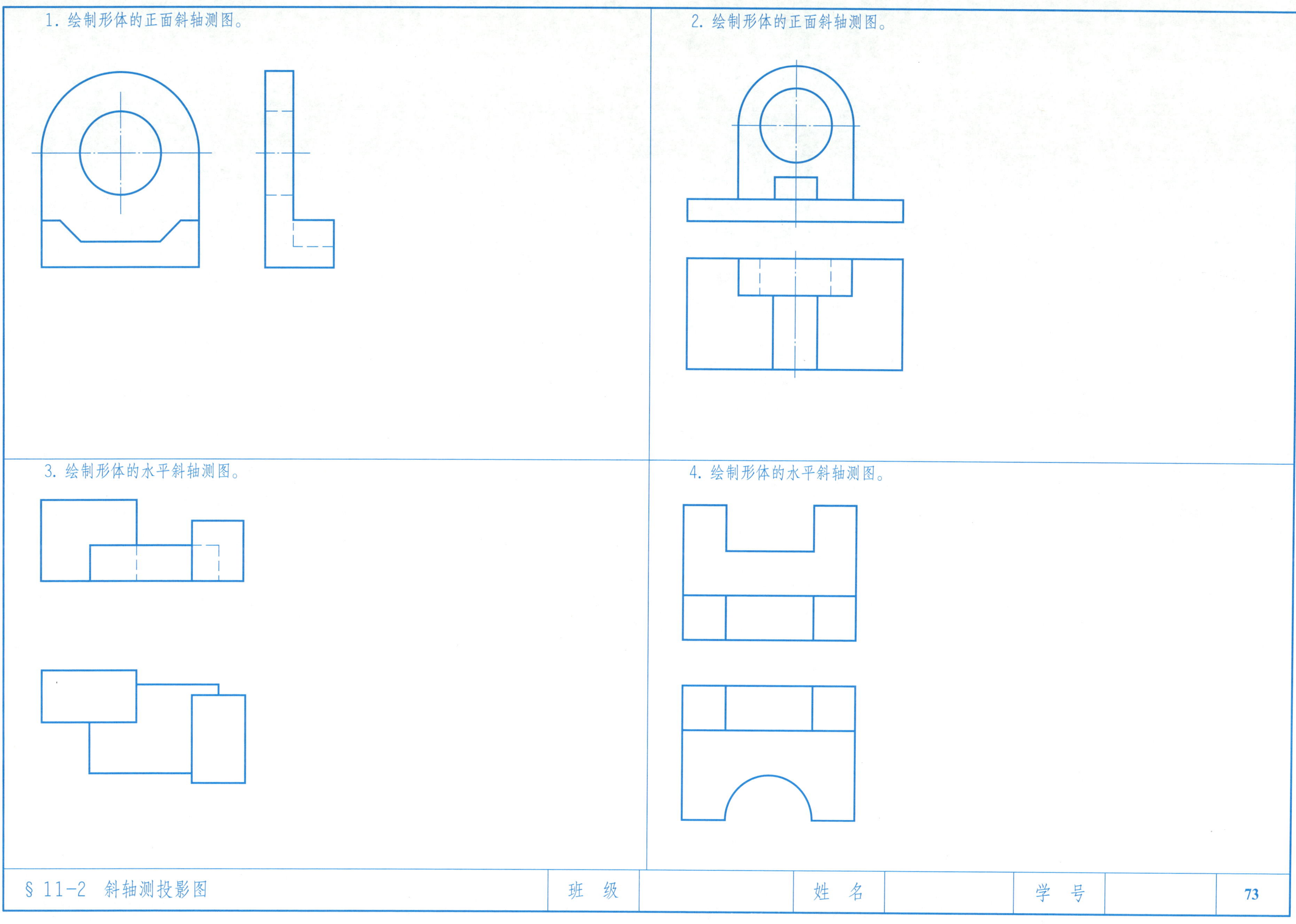
1. 绘制形体的正面斜轴测图。
2. 绘制形体的正面斜轴测图。
3. 绘制形体的水平斜轴测图。
4. 绘制形体的水平斜轴测图。

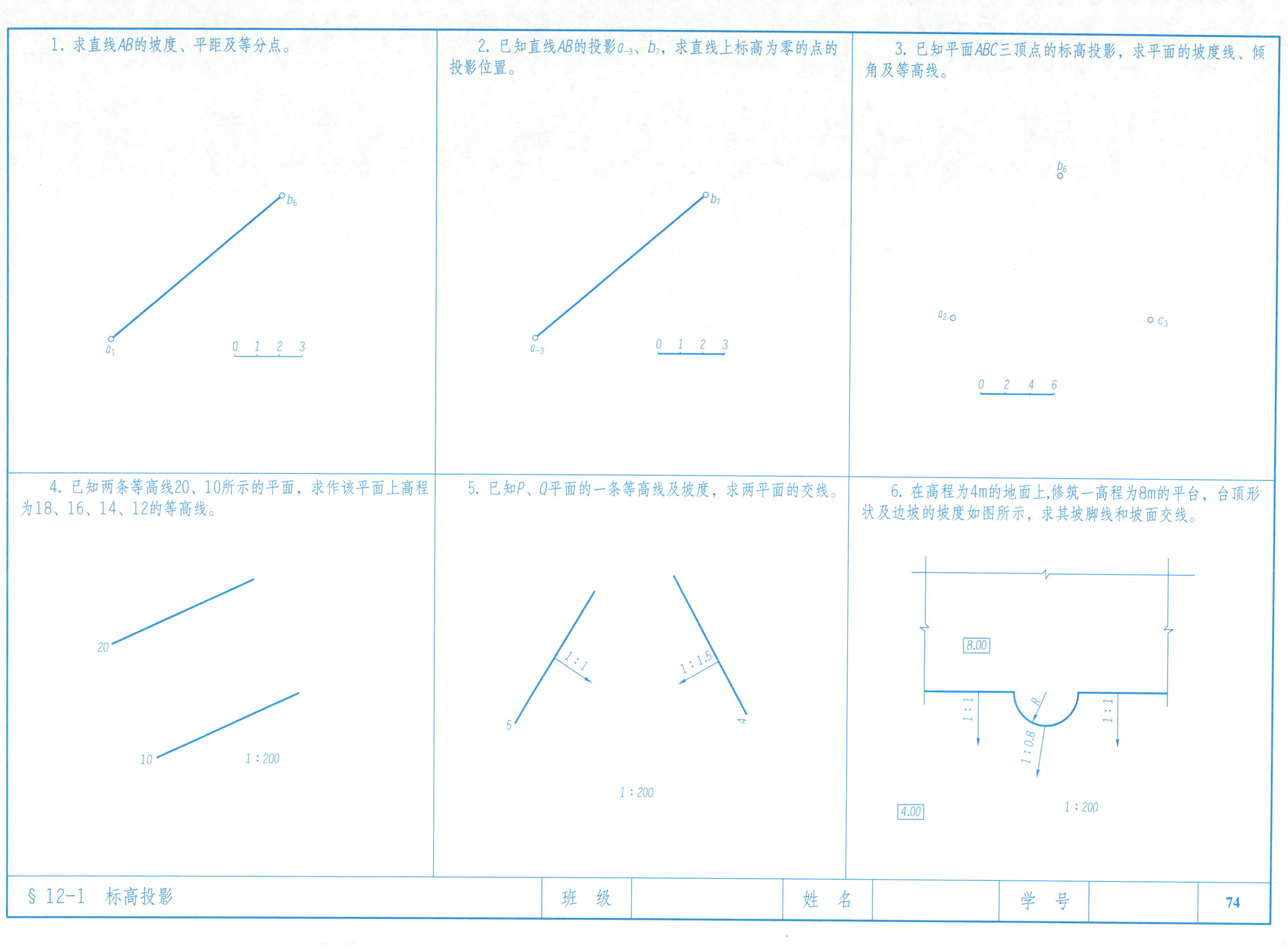

1. 求直线AB的坡度、平距及等分点。

2. 已知直线AB的投影a_{-3}、b_7，求直线上标高为零的点的投影位置。

3. 已知平面ABC三顶点的标高投影，求平面的坡度线、倾角及等高线。

4. 已知两条等高线20、10所示的平面，求作该平面上高程为18、16、14、12的等高线。

5. 已知P、Q平面的一条等高线及坡度，求两平面的交线。

6. 在高程为4m的地面上,修筑一高程为8m的平台，台顶形状及边坡的坡度如图所示，求其坡脚线和坡面交线。

§ 12-1 标高投影

7. 已知如图所示图形，求基坑各边坡交线及坡面与地面(标高为零)的交线。

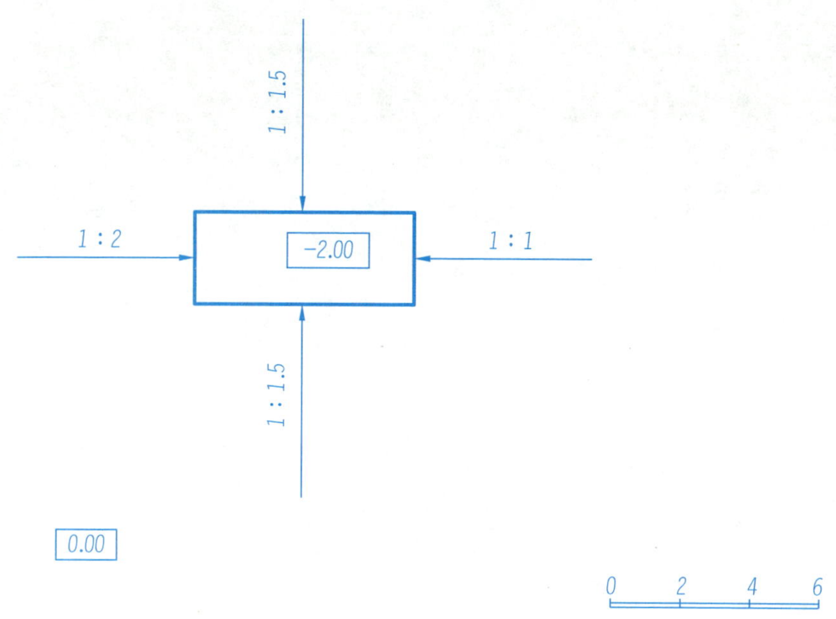

8. 如图所示，在所给的地形图上，需修建一个水平广场，广场的高程为27m，填方边坡坡度为1 : 2，挖方边坡坡度为1 : 1.5。求作填、挖方坡面的坡脚线、开挖线，以及各坡面之间的交线。

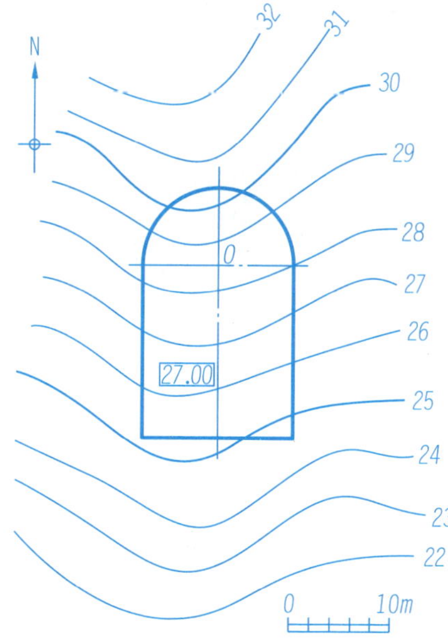

9. 如图所示在河道上修筑一土坝，已知河道的地形图、土坝的轴线位置，以及土坝的横断面图(土坝的垂直于轴线的断面图称为横断面图)，试完成土坝的平面图。

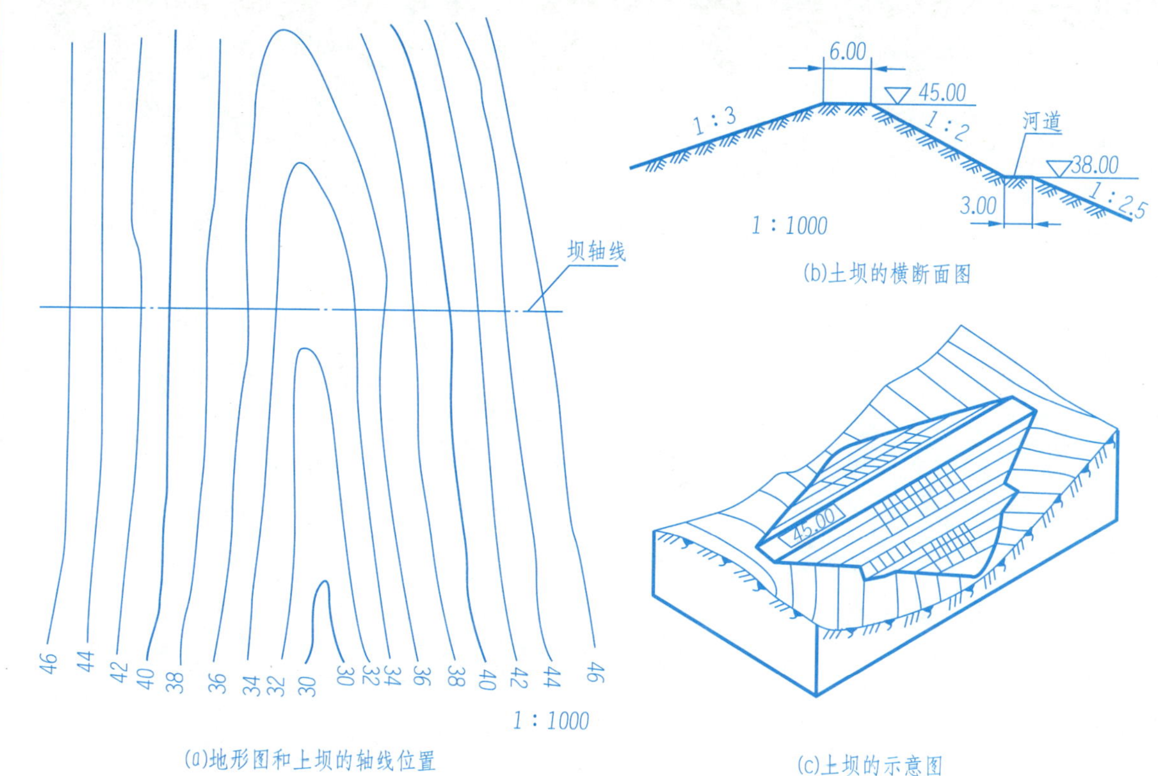

(a)地形图和土坝的轴线位置

(b)土坝的横断面图

(c)土坝的示意图

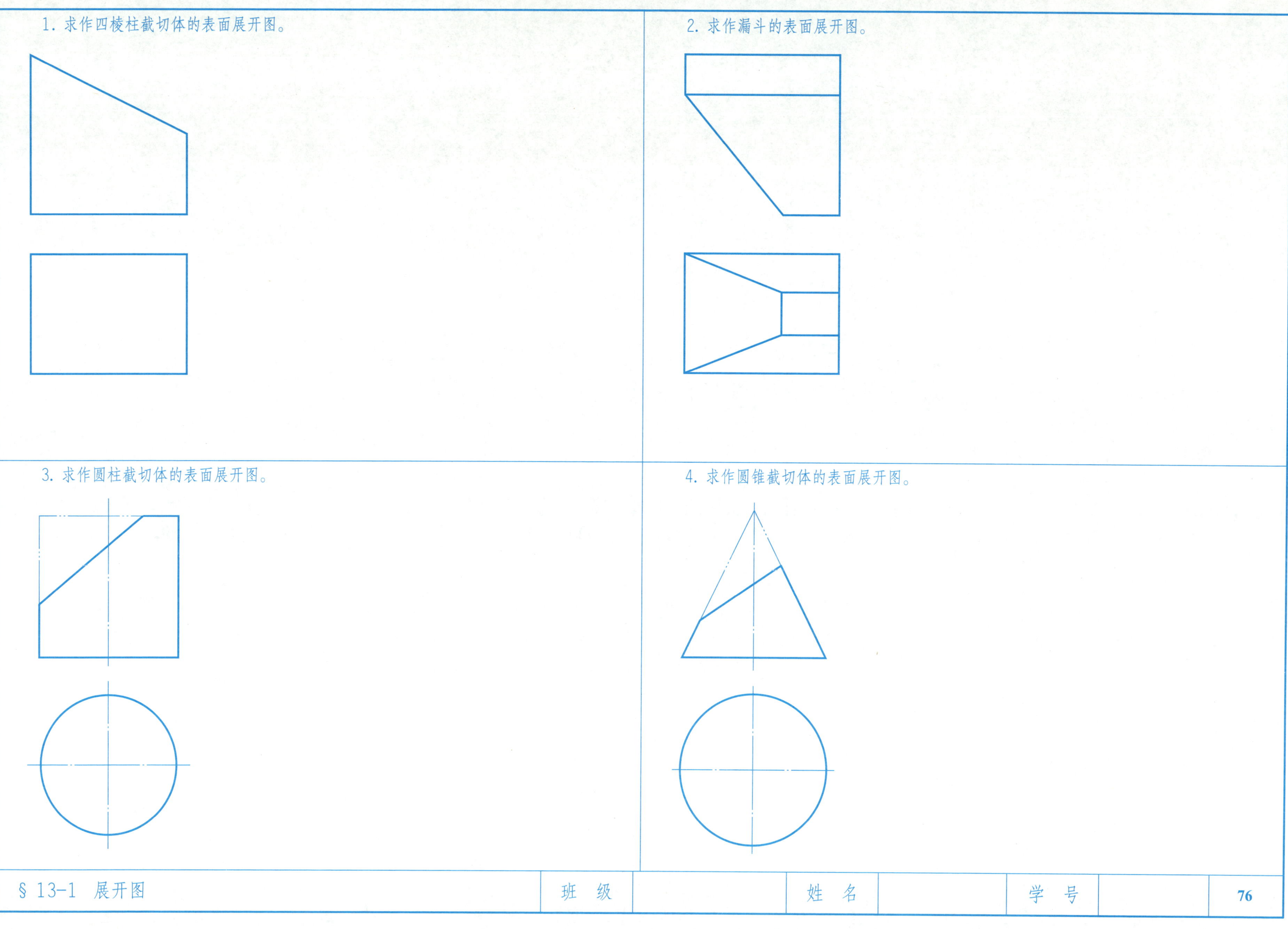
1. 求作四棱柱截切体的表面展开图。
2. 求作漏斗的表面展开图。
3. 求作圆柱截切体的表面展开图。
4. 求作圆锥截切体的表面展开图。

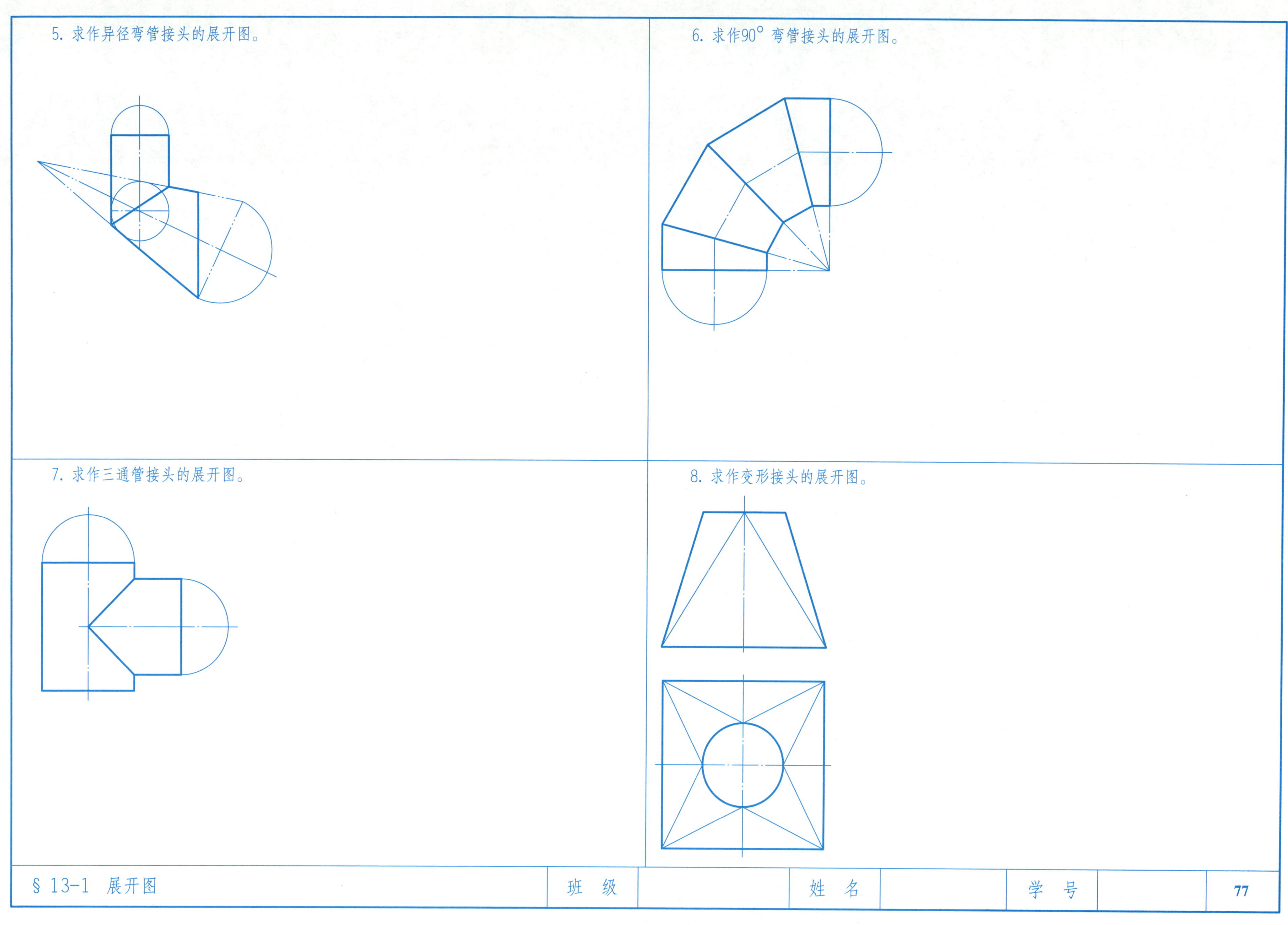

5. 求作异径弯管接头的展开图。
6. 求作90° 弯管接头的展开图。
7. 求作三通管接头的展开图。
8. 求作变形接头的展开图。

参考文献

[1] 陈美华. 建筑制图习题集. 6版. 北京：高等教育出版社，2010.

[2] 何铭新，李怀健，郎宝敏. 建筑工程制图习题集. 5版. 北京：高等教育出版社，2013.

[3] 李翔. 施工图识读与会审学生工作页. 北京：高等教育出版社，2010.

[4] 吴启凤. 建筑工程制图习题册. 成都：西南交通大学出版社，2009.

[5] 和丕壮. 交通土建工程制图习题集. 北京：人民交通出版社，2010.

郑重声明

读者意见反馈

为收集对教材的意见建议，进一步完善教材编写并做好服务工作，读者可将对本教材的意见建议通过如下渠道反馈至我社。

咨询电话　400-810-0598

反馈邮箱　gjdzfwb@pub.hep.cn

通信地址　北京市朝阳区惠新东街4号富盛大厦1座

　　　　　高等教育出版社总编辑办公室

邮政编码　100029

授课教师如需获得本书配套教辅资源，请登录“高等教育出版社产品信息检索系统”(https://xuanshu.hep.com.cn/)搜索下载，首次使用本系统的用户，请先进行注册并完成教师资格认证。